新编21世纪高等职业教育精品教材 · 通识课系列

商务礼仪

SHANGWU LIYI

（第二版）

主　编◎王　华　郑　燕

中国人民大学出版社
· 北京 ·

图书在版编目（CIP）数据

商务礼仪 / 王华，郑燕主编．-- 2 版．-- 北京：中国人民大学出版社，2023.7

新编 21 世纪高等职业教育精品教材．通识课系列

ISBN 978-7-300-31899-8

Ⅰ．①商…　Ⅱ．①王…　②郑…　Ⅲ．①商务—礼仪—高等职业教育—教材　Ⅳ．①F718

中国国家版本馆 CIP 数据核字 (2023) 第 125984 号

新编 21 世纪高等职业教育精品教材·通识课系列

商务礼仪（第二版）

主　编　王华　郑燕

Shangwu Liyi

出版发行	中国人民大学出版社		
社　　址	北京中关村大街 31 号	**邮政编码**	100080
电　　话	010-62511242（总编室）		010－62511770（质管部）
	010-82501766（邮购部）		010－62514148（门市部）
	010-62515195（发行公司）		010－62515275（盗版举报）
网　　址	http://www.crup.com.cn		
经　　销	新华书店		
印　　刷	北京密兴印刷有限公司	**版　　次**	2016 年 8 月第 1 版
开　　本	787 mm × 1092 mm　1/16		2023 年 7 月第 2 版
印　　张	12.25	**印　　次**	2023 年 7 月第 1 次印刷
字　　数	268 000	**定　　价**	35.00 元

前言

PREFACE

党的二十大报告指出："全面贯彻党的教育方针，落实立德树人根本任务，培养德智体美劳全面发展的社会主义建设者和接班人。"礼仪作为高等职业教育的重要内容，在提升学生美育素养、培养合格的接班人和建设者上发挥着重要作用。礼仪是人类文明和社会进步的重要标志，它既是交往活动的重要内容，又是道德、文化的外在表现形式。在现代社会，礼仪的核心作用在于体现人与人之间的相互尊重，是实现社会稳定、融洽人际关系的重要途径和手段。

为加快增强国家战略人才力量，党的二十大报告也指出："加快建设国家战略人才力量，努力培养造就更多大师、战略科学家、一流科技领军人才和创新团队、青年科技人才、卓越工程师、大国工匠、高技能人才。"这要求培养高素质的商务礼仪人才，服务区域经济发展。商务礼仪是人们在商务交往中为了表示尊重对方而采用的共同约定并形成的规范形式，是商务人士在商务活动中广泛遵循的一些行为规范和准则，是人在商务交往活动中的艺术。商务交往活动是一种人际交往方式，商务人士是重要的活动要素。在商务活动中，能否获得对方的好感是决定下一步能否继续交往的关键。一个人在交往活动中，必须获得他人和社会的认同，通过"礼仪"表现出对交往对象的尊重，从而形成良好的商务合作关系，并使整个商务活动有序化。

高等职业教育是人才强国战略的基石。党的二十大报告强调："培养造就大批德才兼备的高素质人才，是国家和民族长远发展大计。"专业技能是强国人才的保障，职业素养是强国人才的核心。一个职业人除了要具备专业知识外，还必须具有良好的职业礼仪修养。在强调对学生职业能力与职业技能培养的同时，教师更应注重对其职业素养的培养。商务礼仪素养作为职业素养的重要组成部分，是高等职业院校教育教学中不可忽视的重要内容。

本教材改变了传统教材的呈现方式，充分体现了"教、学、做"三位一体的教学思路，同时展示了商务礼仪的最新案例、最新知识，凡是商务工作中要求掌握的礼仪知识和技能，在本教材中都有具体的介绍和指导。本教材的理论知识深入浅出、循序渐进，实践技能更利于操作，实用性较强。

本教材分为礼仪与商务礼仪、商务活动中的仪表礼仪、商务活动中的举止礼仪、商务交往礼仪、接待拜访礼仪、商务活动礼仪、商务仪式礼仪、公共场所礼仪八个项目。教材融理论、案例分析、知识巩固和礼仪实训于一体，以任务为驱动，突出了商务礼仪工作技能，注重学生实践能力的培养。

本教材由浙江金融职业学院王华教授和郑燕老师担任主编。王华编写项目一，吕虹编写项目二，蒋含真编写项目三，郑燕编写项目四，张佳编写项目五，吴军飞编写项目六，徐烨编写项目七，叶丛丛编写项目八。

在本教材的编写过程中，我们参考了大量的文献资料以及同行的著作，再次向他们表示衷心的感谢！尽管编者竭诚努力，但由于水平有限，本教材仍存在种种不足，恳请广大读者批评指正。

编者
2023 年 5 月

目录
CONTENTS

项目一

礼仪与商务礼仪

学习目标

知识目标

- 正确掌握礼仪与商务礼仪的概念，体会和理解商务礼仪在当前社会生活中的重要意义。
- 了解商务礼仪的原则。

能力目标

- 结合礼仪与商务礼仪的基本原则，分析自身的不足及改进方向。

素养目标

- 在践行商务礼仪的过程中，陶冶道德情操，提升职业素养，自觉养成良好职业礼仪行为。
- 践行社会主义核心价值观，成为举止得体、谈吐优雅、有品位的社会一员，为全面建设社会主义现代化国家、全面推进中华民族伟大复兴而团结奋斗。

引导案例：商务活动中要维护好自身及所在组织的形象

陈女士和同事们即将参加所在企业与另一企业共同举办的产品研发交流活动。活动开始前，陈女士为自己的服装感到苦恼，因为她不知道在这样的场合中需要穿什么样的衣服。最终，她为自己挑选了一件七分袖的小西装和一条A型裙。在活动当天来到现场后，她非常惊讶，她的同事有些穿着运动装，有些穿着便装，总体看来非常不整齐。再看对方的工作人员，不论是男性还是女性，一律穿着藏蓝色正装，个个显得神采奕奕。双方对比，陈女士一方人员顿时感觉底气不足。

◎ 分析：

在这样一场正式的产品研发交流会上，陈女士和她的同事们因为自己的衣着问题显得非常缺乏职业素养，也影响了自己所在企业的形象和声誉。

在商务活动交流日益频繁的今天，商务人员应了解并掌握更多的商务礼仪知识，以便更好地开展工作，塑造良好企业形象，发展人类文明新形态，这样才能无愧于中华民族“礼仪之邦”的美誉。

任务一　礼仪概述

任务目标

了解礼仪的基本内容和学习礼仪的重要意义。

我国素有“礼仪之邦”的美誉，礼仪文化源远流长，并有着完备的礼仪体系。随着社会的快速发展与进步，社会交往日益增多，越来越多的国人走向了世界。我国企业也在世界经济发展的舞台上发挥着越来越重要的作用。在商务往来日益频繁的当下，了解礼仪及商务礼仪的内涵将成为人们社会生活中不可缺少的内容。这不仅是个体需要具备的基本职业素养，更是社会交往、商务活动和其他各项事业成功的重要条件。

一、礼仪的内涵

早在春秋战国时期，孔子便提出了“不学礼，无以立”。

礼仪属于道德的范畴，是为维系和发展人际关系而产生的，是人类文明和社会进步的重要标志。它既是交往活动的重要内容，又是道德的外在表现形式。因此，“礼”的内涵包括两个层面：

在第一个层面中，“礼”意为礼节、仪式。东汉许慎所著的《说文解字》也说：“礼，履也，所以事神致福也。”也就是说，礼的本意是指敬神，表示敬意的活动。礼即为形式。

在第二个层面中，“礼”意为从内心、外在均表达出对他人的敬意。礼即为内容。

“礼”的外在形式和内在内容是两个相辅相成的要素。形式好比外壳，内涵犹如思想。没有外壳，思想就无处寄寓；没有思想，外壳就失去了存在的价值。因而我们既要懂得怎样去做，又要明白为什么这样做，即内求德性的纯正，外求言行的端正。

所以，“礼”是一种道德规范，它表达的是尊重；“仪”是恰到好处地向别人表示尊重的形式。我们在生活和工作中要做到待人如己。

素养提升

讲礼重仪

礼仪体现一个国家、一个民族的文明程度和道德水准，也是人的文化教养、精神风貌的重要标志。著名思想家颜元说："国尚礼则国昌，家尚礼则家大，身尚礼则身修，心尚礼则心泰。"英国哲学家约翰·洛克（John Locke）说："美德是精神上的一种宝藏，但是使它生出光彩的则是良好的礼仪。""大学之道，在明明德，在亲民，在止于至善"的核心价值观，其实就是一种德，既是个人的德，也是一种大德，就是国家的德、社会的德。国无德不兴，人无德不立。如果一个国家、一个民族没有共同的核心价值观，莫衷一是，行无依归，那么这个国家、这个民族就无法前进。这样的情形，在我国历史上，在当今世界上，都屡见不鲜。我国作为东方文明古国和东方文化的发源地，素有"礼仪之邦"的美誉，数千年对文明的不懈追求，形成了丰富多彩的中华优秀传统文化和礼仪。党的二十大报告指出："中华优秀传统文化源远流长、博大精深，是中华文明的智慧结晶，其中蕴含的天下为公、民为邦本、为政以德、革故鼎新、任人唯贤、天人合一、自强不息、厚德载物、讲信修睦、亲仁善邻等，是中国人民在长期生产生活中积累的宇宙观、天下观、社会观、道德观的重要体现，同科学社会主义价值观主张具有高度契合性。"对各行各业来讲，礼仪教育是培养高素质员工的不可或缺的内容，是企业文化、企业理念的重要组成部分。讲究礼仪不仅是社会对行业的基本需求，是行业精神文明的表现，是员工的必备素质，而且表示对交往对象的尊重。

二、礼仪的特征

（一）规范性

礼仪是人们在待人接物时必须遵守的行为规范。在世界文化中，礼仪表现为人们在各类场合的言谈话语、行为举止都应该合乎规范。例如，握手礼是一种通行于全世界的见面礼仪。行握手礼时，双方的姿势、目光、语言都应该充分传达出对对方的尊敬之意。

（二）传承性

礼仪的形成和完善是历史发展的产物。例如，我们中华民族的礼仪文明有着鲜明的文化个性，是世界上为数不多的原生文明之一。它经过一个又一个时代，不断地去粗取精，剔除糟粕，吸取精华，最后逐渐固定下来。《左传》有云，"夫礼，天之经也，地之义也，民之行也"，是为政者"经国家，定社稷，序民人"的依据。千百年来，中华民族的子孙继承了尊老敬贤、父慈子孝、礼尚往来等一些反映民族传统美德的礼仪，这些礼仪一代一代流传至今，并为子孙后代所不断继承和发扬光大。

（三）时代性

礼仪具有时代性，是随着时代的发展而发展的，会展现出不同社会经济发展阶段中所呈现出的较为强烈的时代特色。例如，在电话普及之前，客人去主人家做客时一般无法提前告知，但在通信工具日益发达的今天，无论是公事还是私事，客人都会提前告知主人并询问主人是否方便接待。礼仪一旦形成，通常会长期沿袭、经久不衰。

（四）可操作性

礼仪并非繁文缛节。它试图通过一些方式让对方感受到被尊重。礼仪活动在社会生活各个方面不断渗透，表现出较为强烈的时代特色。礼仪也更多地呈现出规则简明、易学易会、便于操作等特征。这也反映出礼仪在人们的工作和生活中有更强的生命力，是受到广大公众认可的重要方式。

（五）灵活性

英国哲学家弗朗西斯·培根（Francis Bacon）认为："礼仪是微妙的东西，它既是人们交际所不可或缺的，又是不可过于计较的。"礼仪的规范是具体的，但不是死板的教条，它是灵活的、可变的，可在不同的场景下，根据交往对象的不同特点，灵活地处理各种情况。

小资料

中国礼仪的起源与发展

1. 中国礼仪的起源

关于礼的起源，说法不一，归纳起来有五种起源说：一是天神生礼仪；二是礼为天、地、人的统一体；三是礼产生于人的自然本性；四是礼是人性和环境矛盾的产物；五是礼生于理，起源于俗。

（1）从理论上说，礼的产生，是人类协调主客观矛盾的需要。首先，礼的产生是为了维护自然的"人伦秩序"，起源于人类寻求满足自身欲望与实现欲望条件之间动态平衡的需要。

（2）从具体的仪式上看，礼产生于原始宗教的祭祀活动。原始宗教的祭祀活动是以祭天、敬神为主要内容的"礼"的活动。这些祭祀活动在历史发展中逐步完善了相应的规范和制度，正式形成祭祀礼仪。

2. 中国礼仪的发展

礼仪在其传承沿袭的过程中不断发生着变革。从历史发展的角度来看，其演变过程可以分五个阶段。

（1）礼仪的起源时期：原始社会中晚期。这一时期，出现了早期礼仪的萌芽。礼仪较为简单和虔诚，还不具有阶级性。

（2）礼仪的形成时期：夏、商、西周时期。这一时期，人类进入奴隶社会，统治阶级为了巩固自己的统治地位，把原始的宗教礼仪发展成符合奴隶社会政治需要的礼制，"礼"被打上了阶级的烙印。

（3）礼仪的变革时期：春秋战国时期。这一时期，学术界形成了百家争鸣的局面，以孔子、孟子、荀子为代表的诸子百家对礼教进行了研究和发展，对礼仪的起源、本质和功能进行了系统阐述，第一次在理论上全面而深刻地论述了社会等级秩序的划分及其意义。

（4）礼仪的强化时期：秦朝到清朝。在我国长达 2 000 多年的封建社会里，尽管在不同的朝代礼仪文化具有不同的政治、经济、文化特征，但有一个共同点，就是一直为统治阶级所利用。礼仪是维护封建社会等级秩序的工具。

（5）现代礼仪时期：辛亥革命以后，受西方资产阶级“自由、平等、民主、博爱”等思想的影响，中国的传统礼仪规范、制度受到强烈冲击。五四新文化运动对腐朽、落后的礼教进行了清算，符合时代要求的礼仪被继承、完善、流传，那些繁文缛节逐渐被抛弃，同时接受了一些国际上通用的礼仪形式，新的礼仪标准、价值观念得到传播。新中国成立后，逐渐确立了以平等相处、友好往来、相互帮助、团结友爱为主要原则的具有中国特色的新型社会关系和人际关系。改革开放以来，随着我国与世界的交往日趋频繁，西方一些先进的礼仪陆续传入我国，同我国的传统礼仪一起融入社会生活的各个方面，构成了社会主义礼仪的基本框架。

三、学习礼仪的重要意义

对个体而言，学习礼仪能有效提升职场人士的“软实力”，增强个人竞争力。“软实力”概念由哈佛大学教授约瑟夫·奈（Joseph Nye）提出。“硬实力”是指用自己手中的资源对周围形成威慑或压力，而“软实力”则用无形的吸引力来获得他人的认同。礼仪的学习能让个体更全面、更准确地了解礼仪，即如何在不同的环境和文化中恰当地表达自己的态度和想法，能得体地与同事、上级、客户沟通和交流，并让他们感受到被尊重。

对社会而言，知礼懂礼的公民及讲究礼仪规范的团体将能有效提高所居住城市的竞争“软实力”，让我们周围的环境更加和谐、友善。管子曰：“仓廪实而知礼节，衣食足而知荣辱。”在中国共产党的领导下，我国经济快速发展，人民生活水平大大提高，知礼仪、懂荣辱能更好地营造人文环境，可增添我们的历史自信、文化自信。

任务二　商务礼仪概述

任务目标

了解商务礼仪的基本内涵和学习礼仪的重要意义。

对商务人士来说，礼仪是个体基本的素养，学习礼仪是通往成功的必经之路。因为“商场如战场”，一招不慎，满盘皆输。商务交往中的每一个环节都不容疏忽、大意，商务人士若因为个体缺乏基本的商务礼仪素养而导致合作不成并影响双方的情感，就很难让商务对手或合作伙伴对其有好感。

一、商务礼仪的概念

商务礼仪是指在商务活动中，为了体现相互尊重，需要通过一些行为准则去约束人们在商务活动中的方方面面，包括仪表礼仪、言谈举止、书信来往、电话沟通等。商务礼仪的重点在于“商务”二字，即为了塑造个体和组织的良好形象。在商务活动中，商务礼仪是向交往对象表示尊敬与友好的规范或程序。

商务礼仪运用在商务场合，而非生活场合。早晨离开家门的时刻，你需要迅速将自己的角色从家居者调整为商务人士；工作一天之后，当你拖着疲惫的身体回到家中，这才结束了商务人士角色的扮演。

在商务场合，个体的外在形象与内在谈吐不再只是个体修养的体现，还代表其所在企业的声誉。因此，商务礼仪强调个体在商务场合要关注自己的商务身份及其连带的商务责任、职场责任以及与企业共荣辱的企业责任。

二、商务礼仪的基本原则

商务人士要想在商场中应付自如，在竞争激烈的环境中取得成功，就必须深入了解、熟悉并正确运用商务礼仪，以便更好地树立和巩固个人与组织的良好形象。那么，身处多样的商务场合，面对不同的对象、不同的情境，商务人士怎样才能有效地掌握商务礼仪？一般而言，从事各种商务活动时，应遵守以下基本原则：

（一）尊重原则

尊重是礼仪的情感基础。商务活动并非短期行为，从事商务活动的人员讲究礼仪越来越与其长远利益息息相关。每位商务人士都要在内心充分地考虑别人的兴趣和感情，人敬我一尺，我敬人一丈。如果商务人士与企业爱惜自己的形象与声誉，“礼”的良性循环就能借助这样的机制生生不息。当然，礼貌待人也是一种尊重，不应以伪善取悦于人，更不可以富贵傲人。尊敬人还要做到入乡随俗，尊重他人的喜好与禁忌。

（二）平等原则

在绝大多数情况下，商务活动不是个人间的交往，而是组织之间的行为。在商务交往过程中，交往双方要以平等的态度对待对方。同时，对任何交往对象必须一视同仁，给予同等程度的礼遇，不允许因为交往对象种族、民族、文化、职业、身份、地位以及与自己关系的亲疏远近等方面有所不同而厚此薄彼。此外，在商务活动中应注意把握好分寸，既大方得体，又不卑不亢。

（三）规范原则

商务礼仪有着标准化的操作。商务礼仪的规范性是一种舆论约束，与法律强制性的约束不同。例如，吃自助餐应多次少取，在商务场合与他人交流时要注意身体姿势、脸部表情等规范要求。

小资料

各国商务礼仪常识

随着国际商务交往的日益频繁，许多白领一族开始转变成经常飞来飞去的“国际人”。与世界各地的商务人士交往，你需要充分了解各国的商务礼仪，这会对你的商务工作提供很大的帮助。

1. 匈牙利

匈牙利居民具有豪放的性格。商人大多非常重视商业道德。到匈牙利进行商务活动，最好穿深色保守式样的西装。拜访政府部门或大公司，绝对要提前约定时间。在商务谈判时，匈牙利人喜欢讨价还价。该国货币为福林，禁止携带出入境，外币入境不限，但必须严格申报数额。官方不鼓励给小费，但私下仍受欢迎。

2. 泰国

访问泰国各级政府机构宜穿西装，商人见面时穿着也很讲究。拜访政府部门或大公司必须提前约定时间，并持有英文、泰文和中文对照的名片。如果需要在曼谷市内谈生意，最好包一辆计程车，这样既方便又省钱。同泰国人打交道，千万不要夸耀自己的经济条件如何好，否则他们会认为你太傲慢。在泰国商人面前，显得越谦虚越好，这样他们才能很好地与你配合。另外，在泰国进行商务活动，最好携带旅行支票，少用或不用现金支付。在泰国进行商务活动，必须尊重当地的教规。如果你对泰国的寺庙、佛像、和尚等做出轻视的行为，会被视为是有罪的。拍摄佛像尤其要小心，更不可依偎在佛像旁或骑在佛像上面。进入寺庙必须赤脚而行。到当地人家做客，如果发现室内设有佛坛，要马上脱掉鞋袜和帽子。初到泰国，要注意当地人所行的合十礼，你也可以仿照这样做。泰国人非常重视人的头部，他们认为头部是神圣不可侵犯的，因此，千万不要轻易抚摸别人的头部，即使是小朋友，也绝不可以用手去摸他们的头部。如果长辈在座，晚辈必须坐在地上或者蹲跪，以免高于长辈的头部，否则就是极大的不尊敬。人坐着的时候，忌讳他人拿着东西从头上面经过。在泰国人面前盘腿而坐是不礼貌的，如进行商务谈判坐下时，千万别把鞋底露出来，这样也被认为是极不友好的表示。

3. 奥地利

随着前往奥地利访问的商务人士逐年递增，与奥地利商务人士接触，必须特别注意各种礼节，因为奥地利商务人士相当正式、严肃。在从事商务活动时，尤其要注意对方头衔。与奥地利人通信则更要细心，务必准确无误地冠上对方的正式头衔。如果对方的名片上同时印有几个头衔，要提前问清楚哪一个是最重要的。参加商务谈判一定要守时。见面或分手时，切记与每个人亲切握手。如果应邀去吃午餐，千万不要抢着付钱，最好找机会回请一次。如果应邀吃晚餐或餐后听歌剧、看戏，则不需要回请。如果对方请你去家里做客，切记带上一束鲜花，以示对女主人的尊敬。到奥地利从事商务活动，以2—4月和9—11月为宜。7月、8月两个月为全国度假期，圣诞节和复活节前后两周各大公司一般不举行商务谈判或其他活动。

4. 英国

到英国从事商务活动要避开7月、8月，这段时间工商界人士多休假。另外，在圣诞节、复活节也不宜开展商务活动。在英国送礼不得送重礼，以避贿赂之嫌。在商务会晤时，按事先约好的时间参加，不得早到或迟到。英国工商界人士办事认真，不轻易动感情和表态，他们视夸夸其谈、自吹自擂为缺乏教养的表现。

5. 法国

法国人时间观念很强，无论出席什么集会，都习惯准时到达，很少迟到。法国人在社交场合与客人见面时，一般惯以握手为礼。男女之间、女子之间见面时，还常以亲面颊来代替握手。法国人在同客人谈话时，总喜欢相互站得近一些，他们认为这样显得更为亲近。法国人注重烹调艺术，因此中午和晚上的两餐是日常生活中的重要组成部分，不容忽视。法国的时装、美食和艺术是世人有口皆碑的，在此影响之下，法国人拥有极强的民族自尊心和民族自豪感，因此与法国人交谈时，如能讲几句法语，一定会使对方热情有加。

6. 德国

德国人非常擅长商务谈判。如果你和德国谈判对手不熟悉，你要称呼他"××先生"（或"××博士"），而不要直呼其名。穿戴要正规，要习惯于在所有场合穿西装。在商务谈判中要准时到达，并牢记他们通常上班很早（早上8点以前），下班很晚（有时到晚上8点）。只要你的产品符合合同上的条款，你就不必担心付款的事情。

7. 澳大利亚

澳大利亚地广人稀，因此澳大利亚商务人士很注重办事效率。谈判中，澳方派出的谈判人员一般是具有决定权的人，因此我方也应该派出同样具有决定权的人。他们极不愿意把时间浪费在不能做决定的空谈上，而且在谈判中谈及价格时，不喜欢对方报高价，然后慢慢地减价，他们极不愿意在讨价还价上浪费时间。所以，他们大多采用招标的方式，根本不给予对方讨价还价的机会。

知识巩固

一、选择题

1. [单选] 弗朗西斯·培根认为："礼仪是微妙的东西，它既是人们交际所不可或缺的，又是不可过于计较的。"这体现了商务礼仪的（　　）。

A. 规范性　　B. 可操作性
C. 传承性　　D. 时代性　　E. 灵活性

2. [单选] 礼仪的首要原则是（　　）。

A. 尊重　　B. 平等
C. 真诚　　D. 宽容

3. [单选]（　　）是指在人际交往过程中，人们为表示尊重与友好而共同遵守的行为规范和准则。

A. 真诚　　B. 修养
C. 礼仪　　D. 宽容

4. [单选] 双向沟通理论是商务礼仪的重要理论支柱之一，它的首要内容是（　　）。

A. 理解服务对象　　B. 准确定位角色
C. 建立沟通渠道　　D. 加强关系管理

5.［单选］“礼”是一种道德规范，它表达的是（　　）；“仪”是恰到好处地向别人表示尊重的形式。我们在生活和工作中要做到待人如己。

A. 修养　　B. 尊重

C. 真诚　　D. 规范

二、判断题

1. 礼仪是指在人际交往过程中，人们为表示尊重与友好而共同遵守的行为规范和准则。(　　)

2. 礼貌主要是指在人际交往和社交过程中表现出来的敬意、友善和得体的气度与风范。(　　)

3. 礼节是礼貌在语言、行为、仪态等方面的具体表现。(　　)

4. 礼仪的形成和完善是历史发展的产物。千百年来，中华民族的子孙，去粗取精，剔除糟粕，吸取精华，继承了尊老敬贤、父慈子孝、礼尚往来等一些反映民族传统美德的礼仪，这些礼仪一代一代流传至今，并为子孙后代所不断继承和发扬光大。(　　)

5. 礼貌待人也是一种尊重，应当取悦于人、尊敬人，还要做到入乡随俗，顺从他人的喜好与禁忌。(　　)

三、问答题

1. 礼仪的内涵有哪些？
2. 礼仪有哪些主要特征？
3. 什么是商务礼仪？
4. 商务礼仪的基本原则有哪些？
5. 试述加强礼仪修养的重要性。

四、案例分析题

有一批应届毕业生共22人，实习时被导师带到某部委实验室里参观。全体学生坐在会议室里等待主任的到来，这时有秘书给大家倒水，同学们表情木然地看着她忙活，其中一个还问了句：“有绿茶吗？天太热了。”秘书回答说：“抱歉，刚刚用完了。”林然看着有点别扭，心里嘀咕：“人家给你倒水还挑三拣四。”轮到林然时，他轻声说：“谢谢，大热天的，辛苦了。”秘书抬头看了他一眼，满含着惊奇，虽然只是一句很普通的客气话，却是她今天唯一听到的一句。门开了，主任走进来和大家打招呼，不知怎么回事，会议室里静悄悄的，没有一个人回应。林然左右看了看，犹犹豫豫地鼓了几下掌，同学们这才稀稀落落地跟着拍手，由于不齐，越发显得凌乱起来。主任挥了挥手：“欢迎同学们到这里来参观！我看同学们好像都没带笔记本，这样吧，王秘书，请你去拿一些我们实验室里印的纪念手册，送给同学们作纪念。”接下来，更尴尬的事情发生了，大家都坐在那里，很随意地用一只手接过主任和秘书双手递过来的手册。主任脸色越来越难看，来到林然面前时，已经快要没有耐心了。就在这时，林然礼貌地站起来，身体微倾，双手握住手册，恭敬地说了一声："谢谢您！"主任闻听此言，不觉眼前一亮，伸手拍了拍林然的肩膀："你叫什么名字？"林然照实作答，主任微笑点头，回到自己的座位上。早已汗颜的导师看到此景，才微微松了一口气。两个月后，同学们各奔东西，林然的去向栏里赫然写着某部委实验室。有几位颇感不满的同学找到导师："林然的学习成绩不是最好的，凭什么推荐他而没有推荐我们？"导师看了看这几张尚属稚嫩的脸，笑道："是人家点名来要的。其实你们的机会是完全一样的，你们的成绩甚至比林然还要好，但是除了学习之外，你们需要学的东西太多了，礼仪修养是第一课。"

分析：

当代大学生尤其是"80后""90后"，大多为独生子女。其父母不少人都有过一段蹉跎岁月，因此他们把全身心的爱倾注在子女身上，望子成龙，望女成凤，在教育方式上，缺乏理性和正确的引导，将孩子视为掌上明珠，百般呵护，使孩子逐渐养成"以我为中心"的意识，同礼仪的核心思想——尊重、关爱他人、严于律己格格不入。而林然则在一群冷漠的同学中显示出良好的礼仪修养，最根本的原因就在于他懂得尊重他人。尊重他人正是礼仪的核心价值。因此，作为当代大学生，需要学好这人生的第一课。

礼仪实训

实训一

［实训背景］

刘明大学毕业后应聘到某银行营业部担任大堂经理，每天都要负责客户咨询、引导、解释等工作。面对不同类型和不同需求的客户，刘明深感沟通技巧的重要。

［实训要求］

1. 6人一组，要求模拟大堂经理工作中可能遇到的问题，应用沟通技巧灵活处理。

2. 到一家银行营业大厅现场观摩，然后分组讨论沟通技巧的重要性。

［实训提示］

1. 双向沟通理论是服务礼仪的重要理论支柱之一，它以相互理解、相互交流作为服务人员与服务对象彼此之间进行合作的基本前提。

2. 离开了服务人员与服务对象彼此之间的相互交流、相互理解，服务人员要向服务对象提供令人满意的服务，通常是不太可能的。

实训二

［实训背景］

某宾馆，电脑突然出现故障，全体工作人员积极配合排除故障，但还是让客人排队等候了20分钟。面对客人，酒店应遵循一定的规范和标准，文明礼貌地做好服务工作。

[实训要求]

1. 6 人一组，讨论酒店应遵循的服务规范和标准有哪些。

2. 在模拟场景中练习服务规范和标准。

[实训提示]

1. 如实告诉客人需要等候的原因。

2. 前台工作人员接待等候的客人时，要做到文明服务、礼貌服务，起立并说“对不起，让您久等了”。

3. 大堂内，做到主动服务、热情服务。主动为客人提供茶水，注意为老弱病残安排座位。

项目二

商务活动中的仪表礼仪

学习目标

知识目标

- 职场人士应正确认识仪表礼仪对良好商务形象塑造的重要作用，理解仪表礼仪、仪容礼仪的含义、基本内容和要求。
- 了解服饰打扮的要求，掌握着装的 TPO 原则、饰物的搭配原则以及职场人士着装的具体要求和规范。

能力目标

- 能在商务活动中正确选择修饰个人发型的方法，能较熟练地掌握仪容修饰的方法及女性职业淡妆的化妆技巧。
- 能根据商务活动中职业着装的原则及特定场景的要求，结合自身特点正确选择服装及进行包袋、鞋袜、饰物的搭配。

素养目标

- 根据党的二十大“推动文化自信自强，铸就社会主义文化辉煌”的精神，正确理解仪表礼仪的重要性，仪表大方，服饰整洁，既体现一个人的礼仪素养和工作态度，也是中华民族的优良传统，更能增强中华文明传播力、影响力。

引导案例：商务场合应维护好个人形象

郑伟是一家大型国有企业的总经理。有一次，他获悉有一家著名的德国企业的董事长正在本市进行访问，并有寻求合作伙伴的意向。于是他想尽办法，请有关部门为双方牵线搭桥。

让郑总经理欣喜若狂的是，对方也有兴趣同他的企业合作，并且希望尽快与他见面。到了双方会面的那一天，郑总经理刻意对自己的形象进行了一番修饰。他根据自己对时尚的理解，上穿粉色短袖衬衣，系着红色领带，下穿九分休闲裤，头戴棒球帽，足蹬运动鞋。无疑，他希望自己能给对方留下精明强干、时尚新潮的印象。然而事与愿违，郑总经理自我感觉良好的这一身时髦“行头”，却偏偏坏了他的大事。

郑总经理错在哪里？他的德方同行对此会有何评价？

◎ 分析：

根据惯例，在涉外交往中，每个人都必须时时刻刻注意维护自己的形象，特别要注意自己在正式场合留给初次见面的外国友人的第一印象。郑总经理与德方同行的第一次见面属国际交往中的正式场合，应穿着西服或传统中山装，内搭白色长袖衬衣，以示对德方的尊重。但他没有这样做，正如他的德方同行所认为的：此人随意，个人形象不合商务职场常规，给人的感觉是过于前卫个性，尚欠沉稳规范，与之合作之事再作他议。着装是一种无声的语言，它显示了一个人的个性、身份、角色、涵养、阅历及心理状态等多种信息。在人际交往中，着装直接影响他人对你的第一印象，关系到他人对你个人形象的评价，同时关系到你所代表的企业的形象。

任务一　仪表礼仪概述

任务目标

了解仪表的概念和仪表礼仪的构成，掌握仪表美的具体要求。

在建设具有强大凝聚力和引导力的社会主义意识形态的今天，经济文化日益发展，人们逐渐认识到，良好的个人形象是一份特殊的资产，美好的形象更是无价之宝，无论在日常生活中还是在商务活动中都起着至关重要的作用。根据一般人的思维定式，成功的交往通常是从良好的第一印象开始的，而良好的第一印象又取决于仪表所传递出的信息。个人的整体形象凭借个人的仪表形象来体现自身的风格特征和个人魅力。

随着经济全球化进程的深入和市场经济的发展，社会商务活动日益频繁，商务礼仪已逐渐渗透到社会生活的各个方面。

从党的十六大提出“文化体制改革”的任务，到党的十七大将“文化软实力”写入大会报告；从党的十七届六中全会首次从完整意义上制定“文化强国战略”，到党的十八大再度强调“建设社会主义文化强国，关键是增强全民族文化创造活力”，我们党对文化建设规律的认识越来越全面，越来越深刻。增强全民族文化创造活力，首先必须解放和发展文化生产力。文化创造必定会在文化改革发展中实现，取得社会效益与经济效益的双丰收。

礼仪在工作、生活中发挥着重要作用，良好的礼仪素养不仅可以有效地展现个人的教养、风度和魅力，还能够提升企业的形象，从而在全球化市场竞争中凸显本企业的独特魅力，全面提升企业竞争力。

一、仪表的概念

仪表，即人的外表，是一个人精神面貌、文化教养、内在气质、性格内涵的外在表现，也是个人基础礼仪和个人形象的重要组成部分。每个人的形象都是通过仪表、服饰、举止、谈吐来体现的，是一个人留给他人的整体印象。在政务、商务、事务及社交场合，一个人的仪表不但体现了他的文化修养，而且反映了他的审美趣味。穿着得体、修饰自然不仅能赢得他人的信赖，给人留下良好的印象，而且能够提高与人交往的能力；相反，则往往会自降身份，有损形象。仪表礼仪既是一门艺术，也是一种文化的体现，一方面要讲究协调、色彩，另一方面要注意场合、身份。

素养提升

容止格言

某学校教学楼门口一侧的一面大镜子上写着一段镜铭："面必净，发必理，衣必整，纽必结。头容正，肩容平，胸容宽，背容直。气象：勿傲，勿暴，勿怠。颜色：宜和，宜静，宜庄。"这段著名的"容止格言"每天提醒着学生要时刻保持端庄得体的仪表、仪容、仪态，处处注意自己的容貌举止。

衣冠整洁、仪表大方，既是对人有礼貌的表现，也是中华民族的优良传统。

二、仪表礼仪的构成

自古以来，人们对美的追求就是客观存在的。爱美是人的天性，是人们热爱生活的表现，也是社会进步的标志。首先，仪表美是一门艺术，它讲究整体的协调。天生丽质的人毕竟是少数。现代人要充分展现自我风采，塑造商务活动中美好的社交职业形象，可通过适当的人工修饰，如化妆、服饰、发型设计等，扬长避短，使自己拥有美。其次，仪表美的内涵非常丰富，除了容貌美、形体美、服饰美，以及由内而外呈现的气质美，真诚、美好、善良的心灵，才是仪表美的本质。只有外在美与内在美和谐统一，才是真正的仪表美。

仪表一般由天然形象和外饰形象共同构成。天然形象是指人体的自然资质，也称长相，包括人的五官、脸型、肤质、发质、身材等；外饰形象通常是指通过对人体进行修饰打扮所形成的一种外观形象。俗话说："三分长相，七分打扮。"得体的修饰打扮有利于弥补个人形象的某些不足，只有当天然形象和外饰形象有机地结合，人的仪表才能充分展现自然美。

人的仪表一般包括仪容和服饰两大部分，而仪表礼仪主要指的是人的仪容礼仪和服饰礼仪。

在广泛践行社会主义核心价值观的当今，职场人士在商务活动中对仪容的基本要求是清新、端庄辅以恰当、自然的修饰。端庄的仪容给人以信任感，而恰当、自然的修饰又可以给人以愉悦感。职场人士最基本的形象是拥有整洁、干净的头发。在今天，头发的功能不仅仅是区分人的性别，更多的是反映一个人的道德修养、审美水平、知识层次以及行为规范。我们可以通过发型判断其职业、身份、受教育程度、生活状况及卫生习惯，还可以感受他对工作、生活的态度。因此，成为一名优秀的商务人士，需要一切从“头”开始。

受职场环境影响，职业着装来自职业环境的约束，专业差别体现的就是一种文化、礼仪和修养。出于工作的性质与要求，不同的行业又有不同的要求，同时也约束着各行各业的着装，因此着装具有展示角色和规范行为等功能。

职业形象是一个行业或组织的精神内涵和文化理念在从业人员身上的具体体现，是一定行业或组织的形象与具体从业人员个体形象的有机结合。不同的行业应有不同的职业形象。仪表礼仪修饰的原则是要把社会性与个体性有机结合，仪表礼仪也是现代企业工作人员职业形象礼仪的重要组成部分。理解和掌握仪表礼仪的知识有助于塑造良好的职业形象。

三、仪表美的具体要求

（一）良好的个人卫生

保持良好的职业形象，首先要注意个人的仪表整洁，养成良好的卫生习惯。职场人士在工作中应做到面容清洁、口腔清洁、鼻腔清洁、头发清洁和手部清洁等。勤洗澡、勤换衣裤、勤漱口，身上不能留有汗味或异味。上班前不能喝酒，忌吃葱、蒜、韭菜、洋葱等有刺激性气味的食物，保持牙齿清洁，口气清新。此外，还应注意一些细节：保持指甲清洁，指甲不要留有黑边，大拇指、小拇指指甲均应剪短；衣领、衣袖要干净；头发要清洁，不能有头屑，并要适时梳理；男性鼻毛应剪短，不留胡子；女性不要穿破损的袜子；保持鞋子干净、光亮、无破损。

（二）协调美观的整体效果

仪表美也应当是整体的美，强调的是整体效果。干净的皮肤、端正的五官，令人赞叹；修长的身材、优美的线条，让人羡慕。但仪表美绝不限于此，而是和谐统一的美。某一局部的美并不等于仪表美，但若追求面面俱到的美，也会使美失去平衡。仪表美应与身份、年龄、性格、体型相吻合，与周围环境相协调。为了更好地服务客户，为企业树立良好的形象，现代审美观要求职场人士在商务场合结合自身工作岗位的特点和需要来塑造自己的仪表美。

（三）和谐得体的职业形象

仪表美必须是内在美与外在美的和谐统一。要有美的仪表，必须从提高个人的内在素质入手，“诚于中而形于外”。如果没有文明礼貌、文化修养和知识才能这些内在素质作为基础，那么所有外在的容貌、服饰、打扮、举止，都会让人感到矫揉造作，就会在道德、情操、智慧、志向、风度等方面大打折扣，而不会产生美感，所谓“金玉其外，败絮其中”。职场人士要努力将自己的形象塑造得端庄而稳重、大方而富有亲和力，这是良好气质风度的综合体现，更是繁荣发展文化事业和文化产业的需求。

任务二　商务活动中的仪容礼仪

任务目标

了解仪容的基本含义，熟悉职场人士在商务活动中的仪容礼仪要求。

一、仪容及仪容礼仪的基本含义

（一）仪容的含义

仪容是一个人魅力的重要组成部分。通常是指人的外观、外貌，主要是指人的容貌，由发型、面容以及人体所有未被服饰遮掩的肌肤所构成，也是个人仪表的基本内容。

人们通常会在初次见面时较为注意对方的发型和脸，因此发型应该尽量清爽和简洁。具有清新、端正的仪容和恰当、自然的修饰是对商务活动中职场人士仪容的基本要求。仪容在个人整体形象中居于显著的地位。仪容传达出最直接、最生动的第一信息，反映了个人的精神面貌。个人仪容受两方面因素的影响：一是个人的先天条件，自然形成；二是后天的修饰和保养，科学的保养、积极的美容和合理的修饰可以使形象焕然一新。良好的心态，充足的睡眠，科学合理的饮食（多饮水和多吃水果，注意各种维生素、矿物质的摄入和补充），适度的锻炼（一定的户外活动，有助于表皮细胞的新陈代谢），长期的正确养护，再加上适当的美化，都可使我们的仪容大为改观。仪容修饰是人体装饰艺术中的重要组成部分，也是礼仪中不可缺少的环节。

素养提升

"魅力效应"和"晕轮效应"

仪容在人际交往中存在"魅力效应"和"晕轮效应"，即凭对方部分的印象来推想整体的印象。在人际交往过程中，每个人的仪容都会引起交往对象的特别关注，并将影响对方对自己的整体评价。

（二）仪容礼仪的含义

仪容礼仪就是对自己的外在形象，即外表，如头部、脸部等，进行整体形象的设计和修饰。

商务活动中职场人士的仪容礼仪不仅代表自我形象，更代表企业的整体形象，因此必须保持良好的仪容，懂得一些仪容修饰的基本常识与技巧，这样可有效地弥补自身的缺陷和不足，为使自己成为一名成功的职场人士打下坚实的基础。

商务活动中职场人士的个人仪容应遵循美观、整洁、卫生、得体的仪容修饰基本规则，并在此基础上加以修饰。

商务活动中职场人士个人仪容修饰的主要内容通常包含头发、面貌、手臂、腿部等几个方面。

二、头发的修饰技巧

（一）了解头发修饰的要素

发型是构成仪容的重要部分。头发整洁、发型得体是个人形象最基本的要求。恰当得体的发型会使人容光焕发、充满活力，显现出与众不同的气质。发型在一定程度上表现了人的个性、欲望、心理与审美观。

我们在对自己的头发进行正确护理的同时，应根据自身的形体、气质、身份选择适当的发型，扬长避短。商务人士进行个人发部修饰，不仅应遵循一般要求，还需兼顾与所出席的场合的协调。

整洁干净的头发是商务人士个人形象最基本的要求，直接影响他人对自己的评价。为维护本人和企业的良好形象，商务人士应保持头发的整洁，做到常清洗、勤修剪、常梳理、慎染烫以及少头饰。

1. 常清洗

了解自己的发质，选择合适的洗护用品，使用正确的方法，定期对头发进行适当的护理和保养。日常的护理和保养主要包括正确洗发、适时护发及按摩。只有长期坚持，才能使自己的头发柔顺光亮。一般情况下，每周至少应清洗头发 2 次，有必要的话每天清洗 1 次。

2. 勤修剪

为保持整洁和良好的发型，修剪头发也需定期进行。一般情况下，商务人士如果是留短发，通常每 15 ～ 20 天修剪一次，而女性留长发也需 30 ～ 45 天修剪一次，以保持发型的整洁。

3. 常梳理

经常梳理头发能起到理顺发丝、增进血液循环的作用，因此每天数次梳理自己的头发是商务人士必须做的，并且坚持在出门上班前、换装上岗前、摘下帽子时、下班回家时及其他有必要的时候自觉梳理头发。梳理头发是私人行为，应注意行为文明，不宜当众进行或直接用手梳理头发，断发、头屑等切不可随处乱撒。

4. 慎染烫

商务人士在染烫头发方面应特别慎重，重点应考虑自己是否有染发的必要。如果是早生白发或长有一头杂色的头发，将其染黑无可厚非，但如果是为了追随时尚，有意将自己的一头黑发染成其他颜色，尤其是染成五彩斑斓的夸张颜色，就不符合公众对商务人士的形象要求了。女性商务人士烫发也应选择端庄大方的发型，不可过于卷曲蓬松，造型也不宜复杂或华丽；而男性商务人士一般不适宜烫发。总之，在染发和烫发方面商务人士应遵循职业的约束性。

5. 少头饰

职场女性佩戴的头饰主要是用来“管束”自己头发的，因此在头饰的选择上也应遵循与职业着装相符的颜色或图案的发卡、发带等要求。在开展商务活动和日常工作中，如果头饰的佩戴是为了标新立异或追求时尚，那最好不戴。

（二）掌握职场人士发型修饰的原则

1. 发型的选择

发型对于一个人的整体形象的塑造非常重要，故也被人称为“第二张面孔”。由于人们出现在他人面前时头部总是首先被注意到，因此发型直接影响别人对你的印象。发型多种多样，职场人士在发型的选择上应遵循自然、大方、整洁、美观的原则，选择适合自己脸型、肤色、体型的发型，甚至可以通过发型来弥补一些先天的缺陷。职场人士的发型应体现实用性与审美性、形象性与联想性、流行性与职业性多方相兼顾的特征。

2. 商务活动中职场人士发型的具体要求

职场人士应从工作性质出发，遵循发型的职业性要求。长短适当，不能过短或过长。职场男性与女性各有不同的要求。

职场男性的头发的具体要求：留发长度一般在 5 ～ 7 厘米。前发不超过额头，后发不能触及衣领，左、右发不能盖住耳朵。常见的有四六分、二八开、中分和寸头等。绝对不允许职场男性在开展商务工作时长发披肩或梳发辫，同时一般也不允许剃光头。这已成为现代社会在个人礼仪规范方面约定俗成的细则。

职场女性的头发的具体要求：留发长度一般不宜长于腰部，前不宜挡住眼睛，后不宜随意将头发披散开来。如留长发，在工作时和公众场合应盘辫，或用饰物扎好，保持整洁，露出额头。若留短发，不应为了引人注目而标新立异地剃平头或光头，发长一般不短于 6 厘米，可选择简洁明快的发型，以给人端庄、干练之感，从而塑造良好的职场女性形象。

（三）发型修饰的技巧与协调性原则的运用

商务活动中的职场人士，在选择发型时既要考虑自己的身份、环境、年龄、自身职业的特点，也要兼顾自身的脸型、肤色、体型、服饰的风格特点等个体特质条件，掌握基本的修饰技巧，努力达到较为协调的良好效果。

1. 发型与体型、肤色协调

发型与体型之间的关系应遵循相互依存、相互衬托的原则。发型的选择得当与否，会对体型的整体美产生极大的影响。脖颈短粗者，适宜选择高而短的发型。脖颈细长者，适宜选择齐颈搭肩、舒展或外翘的发型。这类男士不要梳大背头式发型，否则有头重脚轻之感，应顶部稍长，两侧不宜蓬松。这类女士可将头发盘于头顶，以显挺拔之感。体型矮胖者，适宜选择有层次的短发，由于脖子显得较短，故不能留过肩长发；体型瘦高者，适宜留长发。肤色偏深的不宜留长发，应选择干净利索的短发；皮肤偏白者，不宜将头发染得太黑，避免因对比过于强烈而显得不够协调。

2. 发型与服饰协调

头发为人体之冠，为体现整体之美，头发必须根据服饰的变化而改变造型。如金融行业的女性工作人员在穿着礼服或工作制服时，可选择盘发或短发，以显端庄稳重、秀丽文雅；而穿着便服或休闲装时，可选择适合自己脸型、体型、肤色的发型，体现高雅的审美情趣和生活品位。

三、美容化妆的技能

（一）现代职场女性皮肤日常护理的正确方法

1. 护肤的基础知识

护肤是美容的基础，做好护肤是美容化妆的先行条件，只有重视皮肤的护理，才能使化妆起到良好的修饰作用。面对日益加快的工作、生活节奏，为保持良好的工作状态和精神面貌，每日必须在了解自己皮肤类型的基础上，选择适合自身肌肤的护肤用品，坚持对自己的皮肤进行正确的常规护理，以保证皮肤的健康、整洁。

小资料

皮肤的有关常识

1. 皮肤的构成

皮肤覆盖在人体的最外面，与人的容貌密切相关。健康的皮肤应该是红润有光泽，光滑细嫩，柔软而富有弹性，微含水分，呈弱酸性，没有瑕疵和皮肤病。

表皮是最外层皮肤，覆盖全身，有保护作用，也是平日使用护肤品、彩妆品的部位。

表皮最外层是角质层，能够保存水分。而最底层称为基底层，又称再生层，它可以不断分裂新细胞，将产生的新细胞不断向外推挤，等细胞到达最外层时便老死，而后脱落，这就是皮肤的再生循环，通常这种再生循环现象需要28天（也就是说，每28天就可能有脱皮的现象，有时轻微，有时严重，因人而异）。表皮还有一个重要的构造——毛孔。毛孔分为两种：一种是汗腺的开口，另一种是皮脂腺的开口。每次谈到清洁与收缩毛孔，所说的就是皮脂腺的开口。毛囊的内部细胞也有类似表皮的再生循环作用，但是它在新陈代谢的过程中，常会引起毛孔阻塞，这就是一切面疱（粉刺、痤疮）问题的起因。

2. 皮肤的分类

人的皮肤按其皮脂腺的分泌状况，一般可分四种类型：中性皮肤、干性皮肤、油性皮肤和混合性皮肤。在实际中，敏感性皮肤也是一种常见的皮肤类型。

中性皮肤：是健康、理想的皮肤。油脂分泌量适中，皮肤红润细腻。其特征是毛孔大小刚好，水分、油脂分泌平衡，弹性佳，对外界刺激不敏感。中性皮肤的pH值为5～5.6。

干性皮肤：皮肤白嫩，毛孔细小而不明显。皮脂分泌量少，皮肤比较干燥，对外界刺激也较敏感。有时会变得粗糙，甚至会有脱皮的现象。干性皮肤的pH值为4.5～5。

油性皮肤：肤色相对较深，毛孔粗大，皮脂分泌量多，不容易起皱纹，对外界刺激不敏感。易长粉刺、痤疮，也称青春痘，这是通常较易出现在男性和青春期的少男少女脸上的一种皮肤问题。在保养过程中要特别注意清洁工作，定期做深层清洁以保持毛孔的畅通无阻，这样才能远离粉刺、痤疮。油性皮肤的pH值为5.6～6.6。

混合性皮肤：兼有油性皮肤和干性皮肤的特征。在面部T形区（前额、鼻口四周、下巴等部位）呈油性状态，特别容易出油，而眼部及两颊呈干性或中性状态。此类皮肤一般多见于20～35岁的女性。

敏感性皮肤：可见于上述各种皮肤。其皮肤较薄，对外界刺激很敏感，很容易因为外在环境的改变而引起过敏。特别是现在臭氧层遭到破坏，紫外线对皮肤造成的伤害已经不能不引起重视，加上空气、环境的污染，皮肤变得更敏感，因此无论是哪种肤质都可能出现敏感的现象。

清秀、自然的妆面是建立在健康、细致的皮肤的基础上的。但身体内部机能的变化有时会使皮肤出现青春痘或皱纹，化妆效果也会大受影响。肌肤的状况每天都在变化，因此具备肌肤保养的基本常识并做好肌肤护理，有时比化妆更为重要。当然，肌肤的护理具有长效性，须长期坚持才能见效。

2. 日常护肤六部曲

日间护肤三部曲：洁肤—爽肤—护肤。

晚间护肤三部曲：洁肤—爽肤—润肤。

（1）洁肤。将洗面奶倒在手中或分五点抹在脸上，蘸少许水，由里到外、由下往上打圈，然后用温水将洗面奶清洗干净。

（2）爽肤。用化妆棉蘸取爽肤水，轻拍脸颊，先内后外。

（3）护肤或润肤。用日霜或晚霜，由内向外，在额、双颊、下巴处用手轻轻抹开，稍加按摩，使其完全吸收，直至不泛油光为止。在此基础上，根据具体情况涂抹隔离霜或防晒霜等。

3. 周期护肤的方法与步骤

一般以七天为一个周期，在冬天，干性皮肤可以十天左右为一个周期，进行一次深层洁肤及较为全面的护理。

周期性皮肤护理的程序：

（1）洁肤。如化有淡妆，应先用卸妆水或乳卸妆，然后进行常规皮肤清洁，用仪器或角质霜去除多余的死皮细胞和角质，进行深层的洁肤。

（2）按摩。运用人工或机器进行按摩、点穴，使紧张的皮肤状态得以缓解，减少黑色素的生成和沉淀，同时起到紧致肌肤的效果。

（3）面膜。根据不同的肤质及皮肤的状态选用相应的面膜，同时对皮肤问题加以处理。

（4）爽肤。用化妆棉蘸取爽肤水轻拍，以收缩毛孔、增加弹性。

（5）润肤。将润肤霜或润肤乳自上而下、由内向外均匀地涂抹并稍加按摩，使之完全吸收，维持肌肤酸碱平衡。

注意：做完护理后不要马上化妆，应让皮肤有呼吸的时间，这样也有利于皮肤对护肤品的吸收。

（二）化妆的基本知识和化妆原则

化妆，是一种通过对美容用品的使用来修饰自己的面容、美化自我形象的行为。简单说，化妆就是有意识、有步骤地来美化自己。职场女性在工作中都要求化妆以示对他人的尊重。女性职业淡妆须遵循以自身面部客观条件为基础、扬长避短的原则，追求“妆而不露，化而不觉”的境界，达到自然大方、精致典雅的面部修饰效果。

对职场女性而言，使用特定的化妆品进行仪容的修饰、装扮，既是为了展示自己的职业形象和精神面貌，也是为了表示对他人的尊重。具有简洁、明朗、用色单一、线条清晰、妆型略带棱角特征的职业淡妆是现代女性职业形象的重要标志。职场女性应了解和掌握基本的护肤化妆知识和技能，以提升自己在商务和社交活动中的个人形象。

化妆与化淡妆，其实并不是两个完全重合的概念。倘若对此不加深究，只要求上班时化妆就行，其后果有时会让人大吃一惊。通常，化妆有晨妆、晚妆、上班妆、社交妆、少女妆、主妇妆、结婚妆等多种形式，它们在浓淡的程度和化妆品的选择使用方面，都有一定的差异。要求职场女性在工作中化淡妆，是指不仅要化妆，而且只宜根据自己的角色地位、职业特点、个性气质、特定场合来选择相应的工作妆。现代职场女性在工作岗位上为展示和维护自我的职业形象而化妆，此时的职业妆容主要是为了体现职业的特点，应与工作环境及职业着装相协调。

（三）职业淡妆的化妆技巧与操作流程

职场女性在化职业淡妆的过程中，必须掌握一定的化妆技巧和方法，正确选择所需的化妆用具、用品，熟悉相应的操作步骤和化妆要领，从而使自己的妆容达到预期的效果。

1. 化妆的基本用具及用品

一套好的化妆工具对完美的妆容是至关重要的，因为它不仅不会伤害皮肤，而且能够使妆容自然、持久，对提高化妆技巧也有帮助。

（1）基本化妆用具。

修眉工具：眉镊、眉剪及修眉刀。

一套实用的套刷：眼影刷、唇刷、眉刷、腮红刷、定妆刷等。

其他工具：棉花棒、化妆棉、三角海绵（涂抹粉底液或膏时使用）、粉扑、吸油纸、假睫毛、胶水（浓妆、晚妆用）、睫毛夹、眉目贴。

（2）基本化妆用品。

粉底：形态有液体、膏状等，粉底的颜色应接近自己的肤色（根据不同的肤色、肤质及妆型要求加以选择，一般皮肤发黄者选用紫色，皮肤偏红者选用绿色，皮肤灰暗者选用蓝色）。

定妆粉（散粉）：日妆及职业妆应选用透明亚光色。

眼部妆用品：眼影（一般职业妆应选用棕色系）、眼线笔（黑色）、眉笔（棕色或灰色）、睫毛膏（黑色）。

腮红：可根据自己的肤色深浅选粉红、橘红及桃红色。

唇部妆用品：口红、唇彩、唇线笔，可选用淡红、棕红及玫红等接近自然唇色的颜色。

双色修容膏（饼）：浅于基础粉底的高光色和深于基础粉底的阴影色粉膏（粉饼）。

2. 一般职业淡妆的操作方法与流程

一般职业淡妆化妆流程如图 2-1 所示。

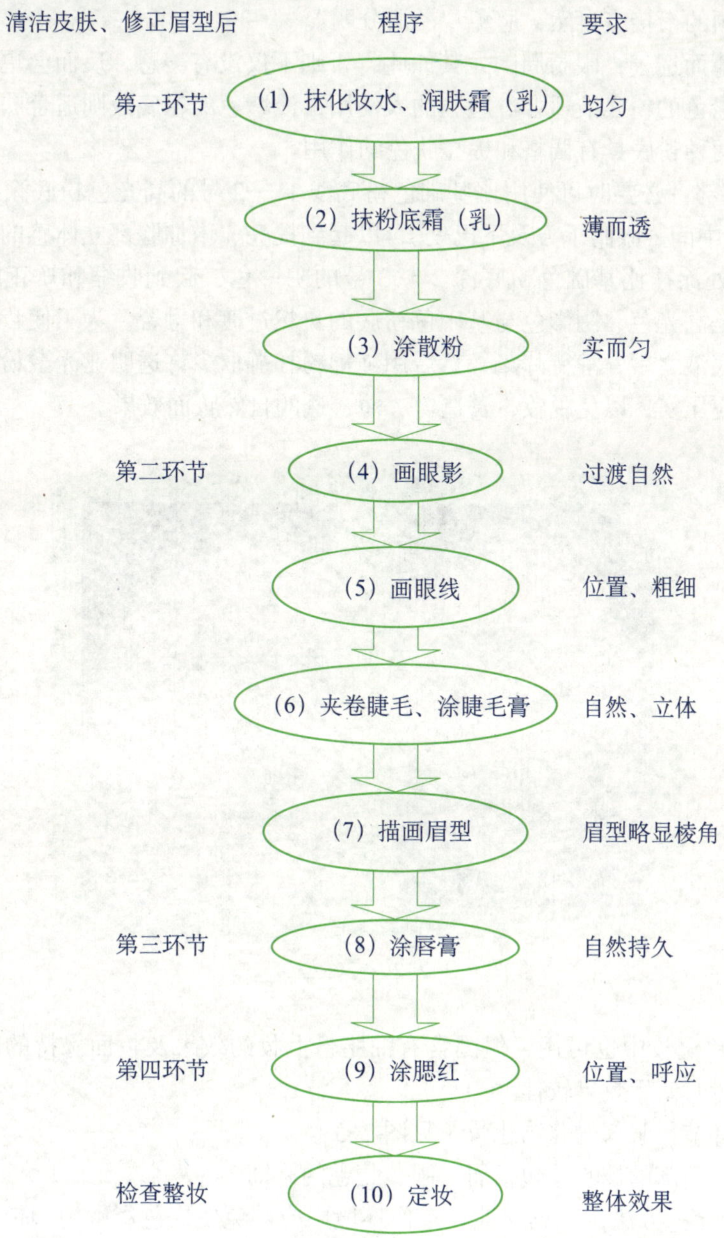

图 2-1　职业淡妆化妆流程

（1）第一环节：肤色的修饰打底（见图 2-2）。

1）洁肤：洁净的皮肤是化好妆的基础，在化妆前必须先清洁皮肤。在清洁皮肤的同时可适当加些按摩的指法和力度，然后拍上适量的化妆水，以保持妆型持久，再根据皮肤情况，均匀涂抹乳液或润肤霜，以便保湿和卸妆。视具体情况决定是否使用隔离霜或防晒霜。

2）打底：在生活日妆和职业淡妆的化妆中，肤色的修正占了整个妆面成功的 50% 以上。选择与自己肤色相近的粉底液，并用粉底专用化妆棉轻轻拍擦均匀，自然贴合，同时注意脸部与脖颈的衔接应自然，避免“泾渭分明”。

底妆应轻薄而透气，眼睛周围尤其如此，否则不仅没有美感，反而会更突出眼部的缺陷。另外，浅绿色的粉底液适合红脸膛的人使用，浅紫色的粉底液则适合肤色较深和较暗的人使用，这两种粉底具有调整和提亮肤色的作用。

3）修饰脸部：必要时可使用比基础色粉底浅 1 ～ 2 号的高光色粉底涂抹在 T 字部位（即额头、鼻梁中间、眼睛下方及下巴处），以起到提亮、增加脸部立体感的作用；同时在腮部等需弱化处涂抹比基础色粉底深 2 ～ 3 号的阴影色，起到收缩和矫正脸部轮廓的效果。应注意的是高光色、阴影色与基础色粉底的自然过渡和融合。为了使妆面更为持久和均匀，上完粉底液之后，静待片刻，然后用纯棉粉扑蘸取少许透明亚光散粉均匀地轻拍脸部进行定妆，应压实，以免脱妆，营造匀、薄、透的自然妆面效果。

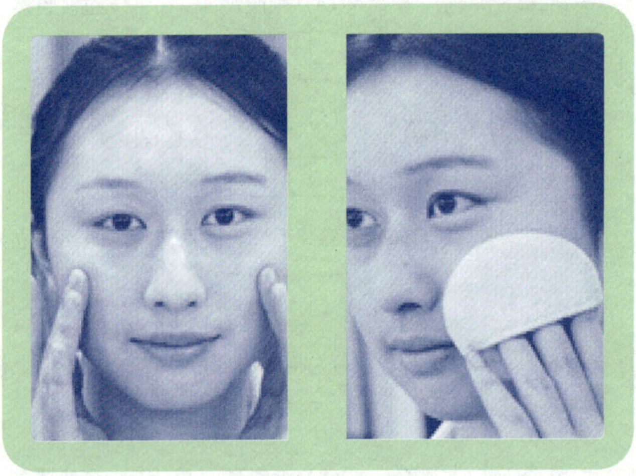

图 2–2　修饰脸部

粉饼在日常化妆中也可用，但因含有油脂，上妆的效果及妆面保持的时间均不及散粉。一般在补妆时使用效果较佳。

（2）第二环节：眼部的修饰化妆（见图 2–3）。

眼睛是整个面部的核心（包括眉、眼、睫毛的修饰）。

1）眼影的涂抹方法：职场女性在工作环境中应避免使用色彩鲜艳和带有荧光效果的眼影，可以选择柔和的中性色，而且不能涂满整个眼部。如果眼睛深陷，则要用亮色的眼影来突出眼部，使眼睛看起来更大些。化职业淡妆时，可上单层也可上两层眼影，一般最多两层，颜色应与服装协调。职业淡妆一般建议用棕色系，但也不适合用过浓的颜色去遮盖如因前晚睡眠不好等原因造成的眼睛浮肿（眼袋）或黑眼圈，这样做只会把缺憾暴露无遗，有违扬长避短的原则。一般日妆的眼影从上眼睑部位接近睫毛根部的位置从下往上、由深到浅，逐渐过渡、晕染，不能有明显的色彩过渡的痕迹，忌色彩的叠加。在眉弓骨部位用白色眼影，可使眼妆更立体，使眼睛更有神、更明亮。

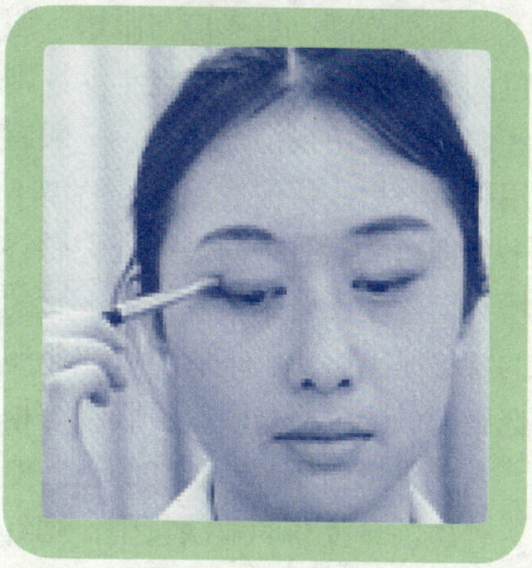

图 2-3 修饰眼眉

2）眼线的画法：眼线的描画分为上眼线和下眼线。上眼线的画法遵循由外到内、由粗到细的原则，选用接近毛发的颜色。职业淡妆一般选择黑色或深灰色的眼线笔，并将笔削成扁平状，紧贴上睫毛描画。眼形较大的，可只画上眼线（也可只画部分）；眼形较小的，上、下眼线最好都画，但下眼线一般只画由外至内的 2/3。画上眼线时，视线向下；画下眼线时，视线向上，且贴紧眼部。画下眼线应遵循由内向外、由粗到细的原则。上、下眼线可在内眼角相交，但绝不能在外眼角相交，且上眼线在外眼角处应稍起翘，以保持眼部的上扬和笑意。

3）眉毛的修剪与补描：眉毛在整个脸部修饰中起平衡作用。在化妆前应先用眉镊或修眉刀除去杂乱无序的眉毛，用眉剪将过长的眉毛修剪整齐，从而修剪出适合自己的基本眉型，保持眉部的整洁。修眉可采用擢眉法和剃眉法。擢眉法是用眉镊将多余的眉毛连根拔掉的方法，操作时应绷紧皮肤，用眉镊夹住要除去的眉毛，顺眉毛生长方向快速拔掉；剃眉法是指用剃眉刀将多余的眉毛剃去的方法，操作时持剃刀的手要稳，另一只手绷紧皮肤，贴根剃眉。然后是补画眉，可选用咖啡色或棕色的眉笔，描画出所需的轮廓。

在画眉前先进行眉毛的定位，即确定眉头、眉尾及眉峰。眉头在内眼角与鼻翼两点所确定直线的延长线与眉线的交点，而眉尾是鼻翼与外眼角两点所确定的直线的延长线与眉线的交点。确定了眉头和眉尾，再根据脸型、年龄与职业确定眉峰，一般在眉头到眉梢的 2/3 处。眉毛不宜画得太细、太工整，否则看上去会很假，太做作。画眉只要用眉笔画出轮廓，然后用眉刷轻轻晕染开就比较自然。眉头稀疏，眉尾细淡，眉峰是关键。画眉是整个化妆中的难点。

4）夹卷睫毛，涂抹睫毛膏：使用睫毛夹，分三次夹卷睫毛，使之卷起而不是立起。职业淡妆一般选择黑色或深棕色睫毛膏，由根部轻轻往外和往上涂，用量不宜过多，涂好后要梳理整齐，避免出现粘连现象，否则不见其美，反显其脏。

（3）第三环节：唇部的修饰方法（见图 2-4）。

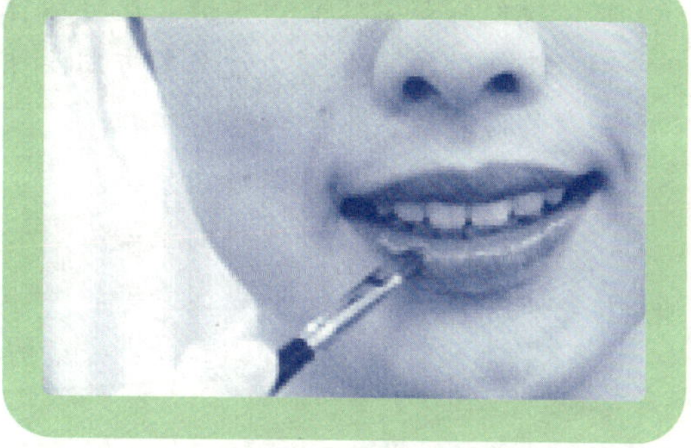

图 2-4 修饰唇部

具体方法：用唇线笔画出唇的轮廓，再用唇刷或口红涂满。一般先用浅色的唇膏涂满后，用纸巾轻轻按压（或扑点散粉）后，再在周边涂上深色（同色系）唇膏，就会产生中间浅亮、周边深的层次感。同时，可防止唇膏脱落，保持的时间也比较久。

唇型饱满，色彩应与眼影、服装相一致。一般年轻女性多选择粉红色、橙红色、玫红色的唇膏或唇彩，而中老年女性则多选用棕红、山楂红等颜色。是否画唇线，在生活日妆和职业淡妆中视情况而定。一般唇型较好，需要突出化妆效果的，就需要画唇线，且必须用唇膏将唇线盖住。反之，唇型不够完美，希望弱化的，则无须画唇线，只用唇膏或唇彩上色即可。双唇中间最低处称唇谷，而双唇最高点则称唇峰。唇峰之间的距离随着年龄的增大而缩小，唇角下垂。上下唇的厚度：东方人的特征一般是上唇厚、下唇薄，而西方人的特征是上唇薄、下唇厚。职业淡妆的唇型较为中性，上、下唇的厚度基本相等。注意所选唇膏的颜色要与眼影、服装等相协调。

（4）第四环节：腮红的正确使用及检查修妆（见图 2-5）。

生活日妆和职业淡妆中，腮红是否需要涂抹可视肤色的红润程度而定。即使需涂抹腮红，也一定要淡雅自然。整个妆面完成后，站在稍远处，检查妆面的整体效果。用大号定妆刷将脸上多余的散粉刷掉，令妆容更自然。观察妆形、妆色是否协调，左右是否对称，底色是否均匀，如有不足可作适当修补。

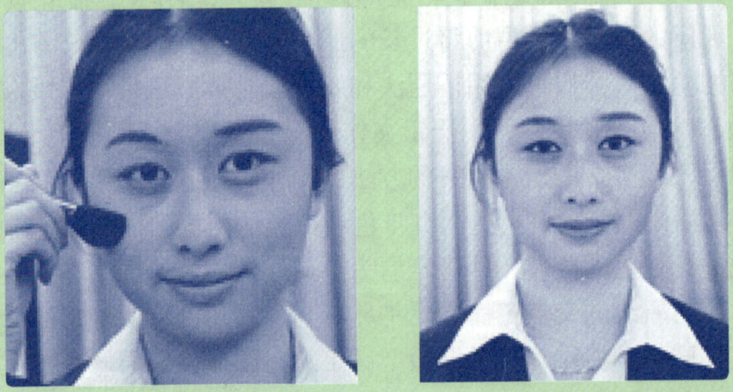

图 2-5　涂抹腮红

小资料

不同脸型腮红的涂抹位置和方法

腮红涂抹的位置很关键。腮红涂抹的标准位置：一般以鬓发为起点，沿颧骨与面颊交接的位置往嘴角及鼻翼方向涂抹，最高不超过外眼角的延长线，最低不低于嘴角的延长线，晕染自然、柔和。

长形脸：腮红可以横向晕染。

方形脸：腮红可以斜向晕染。

圆形脸：腮红可以纵向晕染。

申字脸：腮红可以选择深一点的颜色，以颧骨最高点为起点，朝鼻翼方向晕染。

由字脸：涂腮红时，不能太靠近脸部，可斜向晕染。

腮红的用法：适当用腮红刷蘸取少量腮红，轻刷在脸部自然红晕处，涂抹方向以肌肉的走势为准，力求协调。生活日妆和职业淡妆的腮红选用粉红、桃红较多。但也要注意腮红、眼影、口红、服装的色彩协调，这是化妆最基本的原则。

3. 化妆时应遵循的礼仪规范

（1）化妆的浓淡应视时间、场合而定。参加宴会、舞会可以化浓妆，工作时间则应当化淡妆。工作妆要体现简约、清新、素雅，具有一定的立体感，既要给人以深刻印象，又要避免显得脂粉气十足。

（2）应当避免当众化妆或补妆。当众化妆或补妆，显得很不庄重。

（3）不要使妆面出现残缺。如若出现残缺的妆面，应及时避人进行补妆；若听任不理，则会让人感觉不雅。

（4）不要借用他人的化妆品当众化妆。借用他人的化妆品不卫生，也不礼貌，应避免，而且每个人的肤质不一样，所选择的化妆品也不一样。

（5）不要评论他人的妆容。化妆系个人之事，对他人妆容不应自以为是地加以评论或非议。

小资料

职场男性仪容礼仪

职场男性仪容礼仪一般包括面部、手部、发型、胡须等的处理。清洁面部与手部，并使用护肤品进行护理；使用无色唇膏与无色指甲油，保护嘴唇与手指甲；使用香水；等等。职场男性整理仪容时要注意：不要过分阴柔；不要涂过多的发乳；胡须的修剪要适度，不要过分“艺术化”。

（四）职场人士脸部和肢体的其他修饰要求

1. 脸部的其他修饰

（1）眼睛的保洁、眼病的防治及眼镜的佩戴。眼睛是心灵的窗户，也是被他人注意最多的地方。重视眼部的保洁，最重要的是及时除去自己眼角不断出现的分泌物。此外，要特别注意眼病的预防和治疗。因为眼睛一旦生病，往往既会传染他人，看起来也有损自己的容貌。所以一旦患上眼病，就应及时治疗、休息，绝不可与工作对象直接接触。如因视力原因需在工作时佩戴眼镜，应选择适合自己的镜架和镜片，在室内一般不应佩戴颜色过深的镜片，镜架也不宜太夸张。平时还应注意眼镜的清洁，尤其是镜片要保持明净。而太阳镜即墨镜只适合在户外活动时佩戴，不宜在室内工作时佩戴。

（2）耳部的清洁及耳毛的修剪。耳部也与其他器官一样进行着新陈代谢，因此职场人士每天应进行耳部的清洁除垢，清理耳屎。职场男士尤其要经常修剪耳孔周围的茸毛，不能让其长到外边来而影响整体形象的美观。同样，耳部的清洁及耳毛的修剪也是每个人的私事，应隐蔽进行，不应在工作时和有他人在场时进行。

（3）鼻部的清洁。人们对脸部最高点——鼻部的关注度也是较高的，因此鼻部的清洁工作十分重要。由于鼻部周围的油脂分泌量较多，毛孔也较为粗大，有时甚至会有“黑头”或“白头”等皮肤问题产生，处理不当还会造成局部感染，因此平时应重视此处清洁的彻底性，问题出现时应正确应对，必要时可请专业人士帮助解决。鼻毛也像耳毛一样，长到一定程度会冒出鼻孔，一旦发现应及时进行修剪，但绝不能当众揪拔自己的鼻毛。

（4）注意口腔及周围的卫生。保持口腔的清洁，口气清新。坚持每天刷牙并做到“三个三”，即每天刷三次牙，每次刷牙宜在餐后三分钟进行，每次刷牙的时间不应少于三分钟。定期去专业口腔医疗机构清洗牙齿，以达到保护牙齿的目的。一般成年人以半年左右洗牙一次为宜。除此以外，在上岗工作前不宜食用葱、蒜、韭菜、虾酱等气味刺鼻的食物，以防止因饮食引起的口腔异味。双唇的饱满滋润也是一个人精神面貌的体现，职场人士平时应注意呵护自己的双唇，避免出现开裂、起皮现象。

（5）剃须修面。剃须修面是展示职场男性形象的一大亮点，也是职场男性每天必做的个人清洁工作，切不可以等到理发时才刮脸，并要注意清洁工具的正确选用。商务往来中，男性商务人士一定要坚持每天上班前剃须，切忌胡子拉碴出现在工作和社交场合。个别女性商务人士若唇上汗毛过于浓重，也应作相应的处理，以保持面部的整洁。

2. 肢体的修饰

除了人的面容以及发式以外，人体其他所有未被服饰遮掩的肌肤也属个人仪容的基本内容，因此肢体的修饰也不可忽视。肢体也称为四肢，主要指人的手臂与腿脚。而在日常交往和商务活动中，人们的肢体动作最多，故备受关注。不同工作岗位的商务人员，对肢体的修饰也有着相应的要求。

（1）手臂的修饰。在商务往来中，手臂及双手通常被认为是商务人员的“第二张脸”，平时要做好手臂及双手的保养工作，避免出现粗糙、开裂、红肿、生疮等皮肤问题和皮肤的外伤破损等影响外观的现象。同时，还应时刻保持手部的清洁，平时务必做到“六洗”，即上岗之前、手脏之后、接触精密物品或入口食物前、规定洗手之时、上过卫生间之后、下班之前必须洗手。有些特殊岗位规定必须戴专用手套的，切不可忘戴或有意不戴。手臂的修饰应遵循自然、简洁、庄重的原则。不留长指甲，养成“三天一修剪，每天一检查”的良好习惯。不要涂抹彩色指甲油和彩绘、文刺手臂，出于养护的目的，在职场一般允许使用无色指甲油。较为正式的场合一般不宜裸露肩部，尤其应注意不要将腋毛外露，这是非常不雅的。有些人手臂上的汗毛较为浓密，在着短袖上岗时也应作适当处理，以保持整洁美观。呵护手部的问题，重点是要使之干净、光洁、细腻，既不能粗糙不堪，又不能过分艳丽。

（2）腿脚的修饰。从商务工作的性质出发，对腿脚修饰的首要原则是清洁，做到“勤洗脚、勤换袜子、勤换鞋子”。着裙装工作服时应穿长筒袜，不要光腿、光脚，在特殊情况下光腿时应选择过膝的长裙或长裤，以示庄重。着西服套装时不应穿着露脚趾和无后跟或脚后跟裸露在外的鞋子。下肢的美化也与手臂美化所遵循的原则相同，注意腿部汗毛的处理，勤剪指甲，禁止脚部涂抹彩色指甲油和做脚腿部的彩绘等装饰。

职场人士的仪容礼仪在个人仪表形象中有着非常重要的作用，应遵循整洁、和谐、自然美、扬长避短的原则；仪容的修饰应把握因人（个人的年龄特征、职业特点的体现）、因地（场合）、因时（早晚、季节）而异的要领，使之真正起到矫正缺陷、突出优点、辅佐社交、利于事业，既美化个人形象也为企业形象增彩的作用。

任务三　商务活动中的服饰礼仪

任务目标

了解商务服饰礼仪和服装穿着、饰物搭配的原则要求。

一、服饰礼仪和服装穿着、饰物搭配的原则要求

（一）服饰的功能与作用

服饰是人体的静止状态或姿势的延伸。

俗话说："佛要金装，人要衣装。"服饰是文化的产物，它能够反映出一个人的文化修养和审美情趣。在古代，服装的式样与质料曾是判断一个人社会地位、职业身份乃至种族、家族的标志。如今，虽然这些标志已经过时了，但衣服仍被称作人的"第二皮肤"。从服饰的式样和颜色可以看出一个人的个性、性格和心理状态。

服饰是人体的外延，包括衣、帽、鞋、袜及手表、戒指、耳环等饰物。它是一种文化现象，是一种无声的语言。如何着装，从一个侧面真实地传递出一个人的性格、气质、爱好与追求，显示了一个人的社会地位、文化品位、艺术修养及待人接物的态度。雅致端庄的服装表示对他人的尊重，邋遢不洁的着装则是一种不礼貌的行为。

如今，服饰已不仅是生活必需品，也是装饰人们躯体的美化物。人们利用服饰来装饰、塑造自己，突出自己的美点，掩饰自己的不足，以达到比自身原先更加完美的效果。事实表明，穿着得体不仅可以显示一个人良好的文化修养、高雅的审美情趣，还能给人留下良好的印象，赢得他人的信赖，在商务交往中获得成功。服饰在一个人的个人形象里居于重要地位。英国作家莎士比亚曾经说："一个人的穿着打扮，就是他的教养、品位、地位的最真实的写照。"

（二）着装原则

1. 国际通行的 TPO 原则

TPO 原则，即着装应该与当时的时间（Time）、所处的地点（Place）和场合（Occasion）相协调。

（1）时间原则。着装要应时，此原则要求在着装时考虑早、晚和日间时令的变化（包括早晚温差）以及一年四季的不同，即与时间、季节相吻合，此外还要与所处时代相适应。符合时令，不同的时间段有不同的着装原则，如女性在社交场合穿着礼服的

特点是日间密实、夜间露肤，晚礼服多采用闪光面料及饰品。一年四季的着装应顺应气候温差的变化，遵循冬厚暖、夏薄凉的原则。随着社会的发展，人们的着装要求和观念也会发生一定的变化，一个时期的流行趋势，从单一色彩到五彩斑斓，要顺应时代的潮流和节奏，不能过分复古或新奇，否则会令自己与公众和环境不相协调。服饰的时代性原则是很强的，着装要考虑时代的特点，尽量避免穿着与时代流行趋势格格不入的服装。

（2）地点原则。身处不同的地点要穿不同的服装。着装要与所处的环境，与不同的国家、地区、民族的要求相协调，符合习俗。考虑所处的地点、自身的地位以及职业等因素，不同环境条件下应有与之相适应的服饰打扮，如在少数民族聚集地区穿着民族服饰就很合适，最好的办法就是入乡随俗。

（3）场合原则。穿着要因地制宜，即遵循氛围原则。着装应考虑出现场合的目的、所需体现的主题、希望达到的目标及交往的对象等多方面的因素，与当地、当时的气氛相融洽、相协调。例如，参加重要会议就应穿正式庄重的服装，如果穿着与朋友约会的服装前去，就会显得不够稳重和严肃。总之，无论是庄重严肃还是轻松热烈，只有符合场合气氛才算得体、到位，从而有利于树立良好的个人形象。

TPO 原则是世界通行的着装打扮的最基本的原则，职场人士应根据不同的时间、地点、场合力所能及地对自己所穿的衣服和搭配进行精心的选择，力求协调，兼顾年龄、形体、职业、身份、环境。

2. 和谐得体原则

古希腊哲学家毕达哥拉斯说："美在和谐。"服饰，顾名思义，可分为两大部分：服和饰。既要讲究服的协调，又要注重饰的和谐。

一般而言，服装有三大功能：第一，重在实用；第二，体现地位和身份；第三，表现审美。具体来说，和谐得体原则体现在以下几方面。

（1）着装应符合身份，有性别之差、年龄之别。

整洁是服饰打扮最根本的要求和原则。人们往往通过衣着的整洁大方与否来判断此人的文明礼貌和知识涵养。保持服饰的干净得体、整齐有致，并不意味着必须穿着高档或名牌服饰。

各行各业的衣着都有其自身的特殊标记和样式，即不同的职业有着不同的着装要求，一定要注意符合身份。作为商务人士，一般都以藏青色或灰蓝色单排扣的西服套装作为职业服装，内穿白色或其他素色的衬衣，系带有小花纹等图案的较为朴素的领带，体现出谨慎的工作态度和所承受的工作压力，给人以稳重大方、精干利落的印象，从而增加自身的专业度。

穿着服装时还应考虑性别和年龄因素。虽然随着时代的发展，服装上的性别差异、年龄差异在缩小，但总的来讲，区别也是存在的，这已形成了一定的心理定式。年龄是成熟程度的标尺，也是选择服饰的重要参照物。不同年龄层次的人，应穿着与其年龄相适宜的服饰，才得体。中山装穿在中老年人身上，显得成熟、稳重，体现的是中老年人的成熟美；超短裙、白长袜穿在少女身上显得天真活泼，体现的是年轻人的青春美。

（2）着装应与体型、肤色相协调，扬长避短。

树无同形，人各有异。人的体型千差万别，往往很难尽善尽美，在着装时就要注意扬长避短。应掌握一些关于服装造型的知识，通过适当的修饰充分展示自己的长处，同时要尽可能地掩饰自己的缺点，借助服装制造身材优越的错觉。服装的穿着虽然因人而异，但都应遵循扬长避短的原则。例如，偏瘦和偏胖的人不宜穿过于紧身的衣服，以免凸显缺点；脖子比较短的人不宜穿高领衫，改穿U领或者V领的服装，使脖子到胸部有延长的感觉；腿比较粗短的人，尽量不穿超短裙，否则反而会暴露自己腿部的缺陷。

人的肌肤颜色是与生俱来而难以改变的。人们选择服饰时，就应使服饰的颜色与自己的肤色相匹配，以产生良好的着装效果。《安娜·卡列尼娜》中曾写到安娜穿一件黑色天鹅绒长袍去参加舞会，把她洁白如玉的肌肤衬托得更为洁白。小说发表后，彼得堡的贵妇们竞相效仿，可见选择服饰颜色之重要。一般情况下，工作场合应穿蓝色或灰色的套装，那是经典的职业装。而在平时较为轻松的场合，可充分体现自己的风格，但还是要注意扬长避短。

（3）服饰穿戴中TPO原则的具体运用。

在穿着打扮方面，每个人都会遇到一个非常复杂的问题，那就是一个人所面对的场合是多种多样的。例如，在工作场合就要穿得正式些，如套装制服，表示郑重其事、整齐划一、严肃严谨。有时，我们也会看到一些人在上班的场合穿得非常不正式，如拖鞋式凉鞋、露脚趾凉鞋、露脐装、超短裙等，这就很不合宜。但如果反过来，不该讲究的时候却又讲究，如穿着西装革履、套装套裙去旅游，也不合适。着装一定要区分场合。从服饰礼仪的角度来讲，着装实际上存在下述三大场合，不同的场合各有其基本要求。

其一，庄重得体的公务场合。公务场合一般是指办公场合。公务场合着装的基本要求是四个字：庄重得体。在办公场合随意穿是不行的，一般穿套装、套裙或制服。假如没有套装、套裙或制服，则要穿长袖衬衫、长裤、长裙，这样才显得郑重其事。在较为正式的办公场合，穿时装、休闲装是非常不合适的。

其二，时尚个性的社交场合。社交场合指的是工作之余交往应酬的场合，就是下班之后跟朋友、熟人在一起交际的场合，例如宴会、舞会、音乐会、聚会、串门，都是典型的社交应酬场合。社交场合着装的基本要求也是四个字：时尚个性。如果说公务场合不宜讲时髦、讲个性的话，社交场合就是要讲时髦、讲个性，应该穿时装、礼服或具民族特色的服装。例如，我国的传统礼服——旗袍，就是东方女性不错的选择。当然，还要兼顾我们前面提到的扬长避短原则。又如，西方男性穿的礼服——燕尾服，就不太适合东方男性的身材。燕尾服是倒梯形的造型，适合肩膀比较宽大的人，而中国男性的身材一般是H型。因此参加社交活动时，中国男性可以选择中式服装，如中山装、唐装等。当然，随着改革开放的进一步发展，西服已成为男士社交礼服的首选，但西服也有多种款式，只有选择适合自己身材体型的，才能穿出美感。

其三，舒适自然的休闲场合。工作之余在家休息、健身运动、观光游览、逛街购物等个人活动时间的穿着打扮的基本要求是舒适自然。居家服装、运动装、休闲装等都较为合适，这类着装较为随意，一般以宽松舒适为宜，人们可根据自己的特点和喜好选择。通俗讲，只要不违反法律，只要不违背伦理道德，只要没有影响安定团结，自己完全可以随便穿，这是最不用讲究穿着打扮的场合。当然，我们稍不注意也会出洋相，例如穿着睡衣逛街，这样在公众场合会影响形象。

综上所述，着装要区别场合。公务场合，讲究庄重得体；社交场合，讲究时尚个性；休闲场合，则讲究舒适自然。

（三）服装色彩

在社交活动中，最引人注目的是服装的色彩。色彩是服装中最活跃、最积极的因素，对人的视觉刺激也是最直接的，会在不知不觉中映入人的眼帘，使人产生某种感觉并引起一定的联想。这是因为色彩能表达人们的审美情趣、心境和情感，从而引起丰富的联想，所以配色的和谐非常重要。服饰作为一种传情达意的媒介时，色彩的影响力和感召力远远超过服饰的造型和质料等其他因素。作为商务人士，如何进行服饰色彩的搭配，如何使自己服饰的色彩和搭配合乎服饰礼仪的标准和要求，了解一定的色彩知识及其象征意义，重视色彩在服饰整体美中的运用，是非常必要的。

1. 色彩的基本知识

太阳光是由赤、橙、黄、绿、青、蓝、紫七种波长不同的色光组成的。我们称这七种颜色为标准色。而红、黄、蓝三种颜色按一定的比例混合，可以产生自然界中的任何颜色，而它们本身却没有任何颜色能调出来，因此这三种颜色又称为三基色。把三基色中的任何两种混合，红配黄是橙色，黄配蓝是绿色，红配蓝是紫色，我们又把橙、绿、紫称为三间色。

色彩的三要素，即色相、明度、纯度。色相是指不同颜色质的区别，即色彩的相貌，以色彩的名称来命名和区别，如黄、蓝、红等。明度是指色彩的明暗程度或光的深浅程度。光源越强，明度越高，例如黄色的明度就比蓝色高得多。一般情况下，同一种颜色与白色混合，明度就高；相反，与黑色混合，明度就低。例如，粉红色的明度就比红色高，而紫红色的明度就比红色低得多。纯度是指颜色的鲜艳度和饱和度。越鲜艳，纯度就越高；颜色混合次数越多，纯度就越低。例如，粉红色的纯度就远不及红色的纯度高。

黑色与白色我们称之为没有色彩的颜色，它们混合形成的灰色是中性色，而金银色则称为独立色。

2. 色彩与心理感觉

在日常社会生活中，我们接触到不同的色彩会产生不同的联想，这就是色彩的心理感觉。例如，红、橙、黄等色相给我们的视觉刺激强，使我们联想到温暖的太阳、火焰等，令人感到温暖，称为暖色；而青、蓝、紫使我们联想到天空、大海、阴天等，令人感到寒冷，称为冷色。

不同的颜色还有着不同的象征意义。暖色调中的红色，象征着热烈、活泼、兴奋，是一种富有激情和感情的色彩。在我国，红色是一种幸福和喜庆的象征。黄色象征明快、鼓舞、希望、富有朝气，是一种最明亮和引人注目的颜色，也是历代帝王服饰的专用色，具有至高无上权威的象征，而日常生活中米黄等浅黄色使用较多。橙色象征开朗、欣喜、活泼，也是一种较为明亮的颜色。在餐厅中，为了增加顾客的食欲，口布、桌布及服务人员的服装就较多运用橙色。粉色象征活泼、年轻、浪漫，有时也可衬托出肤色的柔和质感。

冷色调中的黑色象征寂寞、沉稳、严肃，富有神秘感，因此黑色服装往往会给人以干练、庄重之感。较胖的人穿着黑色服装可使身材显得苗条，但要注意脸色，皮肤黄黑者则不宜穿着。蓝色象征深远、沉静、安详、清爽、自信而幽远，使人联想到大海、天空，蓝色也是黄种人选择较多的一种较为安全的颜色。青色则象征高傲、神秘。

过渡色中的黄绿色象征安详、活泼、幼嫩，让人联想到田野、草原和大自然的植物等。红紫色象征明艳、年轻、夺目。紫色象征华丽、高贵、优雅而神秘，但作为服饰与黑色相似，对肤色的要求较高，肤色青黄者不宜。

中性色中的白色象征朴素、高雅、明亮、纯洁，西方人有选白色为初婚者礼服颜色的习惯，而在我国也有把白色视为丧色的习俗，象征悲哀和忧伤。淡绿色被视为生命之色，象征生命、鲜嫩、愉快和青春，充满活力和朝气。灰色象征素静、朴实、稳重，穿着灰色的服装给人以可信、稳重之感，一般与其他的色彩均较易搭配。

同一面积、同一背景的物体，由于色彩的不同，有时可造成大小不同的视觉效果。一般来说，暖色调和高明度的色彩会给人以扩张感和前进感，如黄色和橙色；而冷色调和明度较低的色彩，如蓝色、紫色，则会使物体显得小，有收缩感和后退感。因此在服装色彩的运用上，体形较瘦小的人穿着暖色调和明度较高的服装就会显得丰满些；而体形较胖的人选择冷色调和明度较低的服装则会显得苗条些。当然，不同的色彩还能造成轻重感。高明度具有轻感，低明度具有重感，同样体积的黑色物体与白色物体给人的重量感会有所不同。色彩还能造成兴奋感或沉静感。凡明度高、纯度高的色彩，又属偏红、橙的暖色系，均具有兴奋感；凡明度低、纯度低，又属偏蓝、青的冷色系，均具有沉静感。在喜庆的日子里，可用鲜艳的颜色激发热烈、兴奋的情绪；而在平日，可用淡雅、清新色调的着装来体现沉稳、恬静的心情。这些都是由色彩给人的心理感受而引起的联想所决定的，色彩的这些特性影响着我们的情绪，作用着我们的情感。因此，作为职场人士，在不同的场合，应精心选择服装的色彩，为自己在职场的成功添彩。

素养提升

常见的颜色在职场带给人的一般感受

红色：充满胆量，表示在工作上蓄势待发，渴望新鲜感和刺激。

黄色：求知欲旺盛，有信心，给人一种张扬的感觉。

绿色：安全保护色，和谐。

蓝色：诚实稳健，言行倾向保守，思维严密，自信力十足。

咖啡色：脚踏实地，富有责任心，做事讲究。

紫色：强烈的权力欲望与虚荣心。

3. 服装色彩的搭配和运用

（1）服装色彩搭配应注意的问题。没有不美的色彩，只有不美的搭配。大自然赋予我们丰富的色彩，服装色彩的选择范围也非常广。除了单一色彩最原始的特性，在现实生活中，更多的是色彩相互搭配所产生的效果，这种多元色彩所产生的象征意义和给人的联想也很丰富。因此，服装穿在某一个人身上必须适合穿着者并且与场合、环境相匹配，进而形成最佳的色彩组合。现实中，最佳搭配标准的关键就是和谐。

要做到和谐，应注意以下几个问题：

1）服装的色彩要与人的发型、肤色相协调；

2）服装的色彩要与人的性格、体型、年龄、职业等相协调；

3）服装的色彩要与人的性格、气质、精神面貌相协调；

4）服装的色彩要与季节、环境、场合相协调。

和谐不是一种表面形式，而是一种“神”和。它不仅是服装自身多种色彩的整体和谐，而且是服装与人的和谐、服装与环境的和谐，是一种深层次的完美和谐。

（2）服装色彩搭配的技巧。在色彩搭配上，不同的颜色给人的第一印象绝对是不同的。如深色系给人一种沉稳、干练的感觉，而浅色系让人有一种轻松活泼的活力。所以说，服饰的搭配是一个比较复杂的美学问题，只有讲究技巧，才能运用丰富的色彩达到完美的和谐统一，展现美好的形象。现代社会，工作、生活节奏很快，用色的主流是雅洁、自然、简练、朴实。用色要避免繁杂、凌乱，做到少用色、巧用色。男性服装不宜有过多的颜色变化，以不超过三色为好。女性也要避免色彩的堆砌，色彩过多，会显浮艳和俗气。在两种以上色彩相配时要有主色，并将之作为基础色，再配以一两种次要色，使整个服饰的色彩主次分明、相得益彰。

小资料

常用的服饰配色方法

1. 相同色搭配

将同一色相，但明度、纯度有所不同的色彩进行搭配，如深红与粉红、橙色与黄色等，给人以柔和、自然之感。

2. 呼应式搭配

即服装的色彩上下呼应或内外呼应。如上穿黑底红花纹上衣，下着黑色裤子；红色内衣，配上黑色鞋子和皮包。这样的服装色彩给人以协调、统一、活泼的感觉。

3. 补色对比

补色之间是相互对抗的，如红与绿、黄与紫搭配在一起会过于醒目、刺激。因此补色之间的搭配，要注意点缀和过渡，如红衣、绿裙之间增加一条白色的腰带，就可以使两种颜色变得协调，或在这两者中都加入白色，成为减红和减绿（浅红和浅绿），就不会那么刺眼了。补色之间的搭配还要注意面积与分量的取舍，可在大面积的一种色彩上，点缀一点它的补色，这样既鲜明又不刺眼，形成强烈的对比美。

4. 点缀配色

大面积地使用一种色彩，另外选一种色彩进行小面积点缀，如穿一身浅驼色的套装，露出红色的衬衣领，这一点红色使整个服装的色彩活了起来，起到画龙点睛的作用。又如深色的套装，在脖颈处使用亮色的丝巾做点缀，就可使整套服装不过于沉闷而显得明朗起来。

5. 同色系配色

利用同色系中深浅、明暗度不同的颜色进行搭配，整体效果都较易协调。

着装配色另一条要遵守的重要原则，就是要根据个人的肤色、年龄、体形选择颜色。例如，肤色黑不宜穿着颜色过深或过浅的服装，应选用与肤色对比不太明显的颜色，而色泽明亮的黄色、橙色或色调极暗的褐色、黑紫色等最为忌讳，因为色泽太明亮或太暗了，反衬得脸色更为暗沉；皮肤发黄就不要选土黄、灰色等服装，否则会显得更为无精打采和萎靡不振；脸色苍白者，不要穿绿色服装，否则会更显病态；而肤色红润、粉白者，穿绿色服装效果会很好。白色是较为安全的颜色，配任何肤色的效果都不错，白色的反光会使人显得神采奕奕。

当然，体形瘦小的，应穿色彩明度高的浅色；而体形肥胖的，则应选色彩明度低的深色。而大多数人的体形和肤色均属中间混合型，所以颜色的搭配没有绝对的原则，应在着装的实践中加以学习和掌握运用。

颜色的选择是一门重要学问，一个人的穿着品位与色彩观念可以折射出此人的工作态度。在商务场合，通用的颜色选择最高原则是素雅大方，而深浅搭配又具有平衡的效果。

我们在不同的社交活动中应选用相应的颜色，为实现社交目的起到辅助作用。例如，谋职、应聘与面试，较为合适的颜色是蓝色；开会、谈判，宜少用红色，强调理性的选蓝色服装，要表现诚恳的选灰色系和棕色系等中性色服装较为合适；约会、宴会及舞会等要注意，既不能过于华丽，也不能太灰暗，而粉红色、淡紫色是情人约会最能表达爱意的色调，不要用作其他约会，否则容易引起误会；逛街、郊游与访友时应选明朗的颜色和活泼的色调。此外，合时令的服装可尽显个人的风格，给人以清爽、亲切、时尚之感。

二、西服礼仪及女性职业套装的穿着礼仪规范

（一）职业服装穿着礼仪

1. 职业服装的礼仪要求

职业服装主要是工作场合的着装，受职场环境影响，既不像礼仪服装那么考究和华贵，也不像休闲服装那样随意。男士以西服、衬衫为主，女士以套装、套裙为主，有些企业还有严格规定。职业服装有三大特征：多样性、约束性、时代性。

（1）职业服装的多样性受职场环境因素的制约和个人气质、风格、喜好、偏向及服装款式、花样、质料、色彩的影响。

（2）职业服装的约束性来自职场环境的约束，如专业差别，体现的是一种文化、礼仪和修养；再如工作的性质与要求，不同的行业有不同的要求。着装恰如其分，才能为自己的专业形象加分。

（3）职业服装的时代性，则反映了某一行业着装发展的历史性和时代意义。工作场合的着装须庄重、整齐，表明从业人员的工作责任感和可信度，也表现了对他人的尊重，显示了行业、企业的风貌。

2. 职场着装的“四不准”

职场着装的“四不准”：

（1）用色不准过分杂乱，需要遵守三色原则，即全身颜色不多于三种。也不能过分鲜艳，图案也要注意，重要场合尽量选择没有图案或者有规则几何图案的套装制服。

（2）不准过分暴露，即正式场合的“六不露”原则，是指不暴露胸部、不暴露肩部、不暴露腰部、不暴露背部、不暴露脚趾、不暴露脚跟。

（3）不准过分透视，重要场合须注意，内衣是不能让别人透过外衣看到的。

（4）不准过分短小和过分紧身，因为无论身体暴露的部位过多，还是身体部位过于凸显，不仅有失自己的身份，也失敬于他人，使他人多有不便。

应根据不同的交往目的、交往对象选择服装，符合着装人的身份。

（二）男士西服穿着礼仪

西服产生于欧洲，清末传入我国，其优美的造型，体现了男士的潇洒、女士的优雅和端庄，成为我国标准的礼仪服装之一，也是当今国际最标准通用的礼服，适合在各种场合广泛穿着。俗话说，“穿着西服，七分在做，三分在穿”，穿着西服有相当严格的统一模式和要求。作为商务人士和现代职场的一员，应懂得西服的穿着礼仪。

西服一般分为欧式（也称意大利式）西服、美式西服、英式西服等款式，各种款式都有其相应的特征，适合不同体型的人穿着。

欧式西服：垫肩夸张，不强调腰部，上衣偏长，没有开衩，双排扣居多，西裤不卷边，适合“倒三角体型”男士穿着。

美式西服：肩型自然，较为宽松，领型略大，扣位较低，略有掐腰，后摆开衩。对身材的包容性较强，适合各种体型男士穿着。

英式西服：裁剪十分包身合体，肩部垫肩明显，领型比例适度简单，腰部收缩，身侧开衩，以高位三粒扣和低位三粒扣款式居多，适合身材修长、较为苗条的男士穿着。

1. 西服穿着礼仪

西服，较为通行的是两件套和三件套，具有统一的面料和色彩，是正式场合规范化的男装。穿着西服，对职场人士而言，体现着身份和所在企业的规范化程度。职场男士穿着西服时，必须了解衬衫、领带、鞋袜和公文包与之组合搭配的基本常识。西服穿着讲究“三个三”，即三色原则、三一定律、三大禁忌。

（1）三色原则。穿西服时，包括上衣、下裤、衬衫、领带、鞋子、袜子、皮带在内，全身颜色应该在三种之内。

（2）三一定律。重要场合穿西服外出的时候，鞋子、腰带、公文包三样男士主要的饰物应为同一颜色，而且首选黑色，体现男士注重细节的品质。

（3）三大禁忌。是指在正式场合穿着西服时不能出现的三个洋相。1）袖口上的商标没拆。2）在非常重要的场合穿夹克，穿短袖衫打领带。3）在正式场合穿着西服时，鞋子、袜子与之不搭配。重要场合，白袜子和尼龙丝袜都不能和西服搭配。鞋应穿制式皮鞋，也就是系带的黑皮鞋，这是非常重要的职场着装规则。职业着装是视觉美学在商务礼仪中的具体运用。

2. 西服穿着必须合体

如果西服太大而你的身材瘦小，那么只会让你显得更加瘦小，而没有男子汉的阳刚之气；如果你过于肥胖，而衣服紧裹，再高贵的衣服也会因身上的褶皱而黯然失色。双排扣的西服纽扣一定要全扣上，否则看起来像两扇大门；西服的领子应紧贴衬衣并低于衬衣领子

1～1.5 厘米。西服的袖子以达到手腕为宜，不能太长，应比衬衣袖子短 1～1.5 厘米。这样不仅便于清洁，还体现了着装的层次感，看起来更有成功人士的风范。衣长以垂下手时与虎口齐平为宜，胸围以穿一件羊毛衫松紧适宜为好。西服要平整洁净，裤子要烫出裤线。

3. 不同西服的穿着要求

西服有两件套、三件套、单件之分，正式场合应穿套装，内穿衬衣，系领带，衬衣下摆放入西裤内。衬衣以单色为宜，白色最好。三件套的西服，坎肩要贴身，在室内可将西服上衣脱掉。单件西服一般较为厚实，选择花呢等面料会显得较随意些。一般天冷时可在西服内套一件鸡心领的羊毛衫，但不能过于臃肿而破坏线条美。穿鸡心领的羊毛衫系领带时应将领带放入羊毛衫内。

西服有单排扣和双排扣之分：双排扣西服一般要将纽扣全部扣上；单排扣西服中，三粒扣西服可只扣中间一粒，两粒扣西服可只扣上面一粒或全部不扣。在较为正式的场合一般要求全扣上，坐下时解开。

西服的衣兜功能也不可忽视。西服的外衣兜最好不要装东西，上面的衣兜也不要插笔，否则会破坏整体形象；西服的内衣兜是可以用来放物品的，但不要放体积过大、分量过重的物品，最多也只能放些轻薄的东西。

4. 衬衣穿着要讲究

衬衣的领口一定要保持平整，每次洗后都要熨平，否则会破坏形象；衬衣的领子、领口不能太夸张，这样显得没有教养；商务场合，衬衣下摆一定要放在裤子里面，袖口必须扣上，不可卷起。系领带时，衬衣的第一粒纽扣必须扣上；不系领带时，第一粒纽扣则应打开，否则别人会以为你是忘了系领带，这样是很失礼的。西服内穿衬衣系领带时，衬衫领部一定为闭合状态，大小以合领后可插入一根手指为宜，否则会给人留下不正式的感觉。任何款式的内衣均不能替代衬衣穿在西服里，无论内衣多高级，永远不要将内衣领露出衬衣领口。随时检查衬衣的纽扣，不要穿着掉扣的衬衣。衬衣每天一洗一换，时刻保持整洁。正式场合忌讳穿着短袖衬衫打领带。衬衣穿着规范见图 2-6。

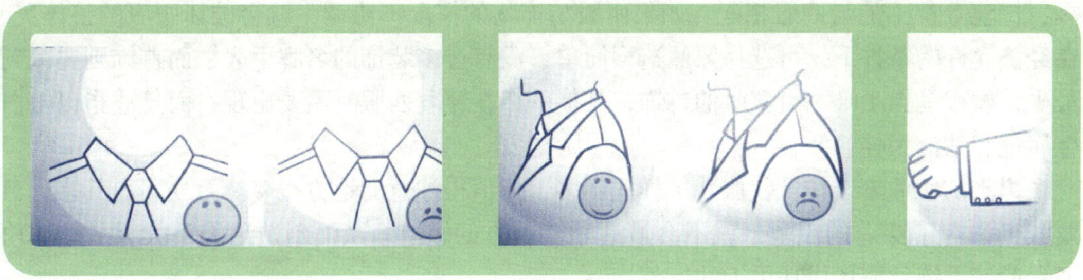

图 2-6　衬衣穿着规范

资料来源：徐晶 . 现代职场形象设计 [M]. 北京：中信出版社，2007.

5. 与西服相配的鞋、袜及领带的要求

穿西服一定要配皮鞋，皮鞋以黑色或深色的居多，款式以传统的系带式或盖鞋式为宜，须保持清洁光亮，注意检查皮鞋是否变形。一双皮鞋最好穿一天，然后休息 2～3

天，这样不易变形。不宜穿着浅色和太复杂或装饰过多的皮鞋。袜子的穿着也是不可小视的，男士穿着的袜子一定要有足够的长度，坐下提起裤管时，裤子与袜子中间不能露出腿。袜子的颜色尽量以深色为主，接近西裤的颜色为最佳选择，如深灰蓝色、暗灰色、灰栗色、黑色等，不宜穿短袜、浅色的袜子配西服；袜子的质地应是棉、麻、毛类的薄型线袜，而尼龙袜，多图案、多颜色、宽条纹或夸张图案的花袜子以及白色的运动袜等都不宜配西服。

领带是全套西服中最重要的组成部分，是引起人们注意的焦点。领带与领子一样，其重要性仅次于一个人的面部。领带的打法是否正确，样式、长度、图案的选择是否与出席场合及自身气质协调，以及所选择的领带留给别人的综合印象，能够像男人的签名一样揭示出他的性格和习惯，因此领带也被称为“男人的第一张名片”。如果在正式场合穿西服不打领带就会显得苍白无力，没有主题。领带的长度至皮带扣中间是打领带的潜规则，系好后以领带尖垂到腰带处为宜。不同男士要根据自己的具体身高条件将领带打得比例和谐。身材高大的可打得长些，领带尖在皮带扣的下方位置，而身材不够高大的则建议打在皮带扣的上方，以免看上去有不太均衡的感觉。但穿坎肩时领带不要露出坎肩下面的边。一般领带的长度为 130 ～ 150 厘米。在确定款式是否适合自己身材或体形的条件下，再考虑质地、图案等。在正式场合采用色彩和样式尚佳的领带。一般领带用真丝以及其他混纺的面料制作，图案有纯色、条纹、圆点、花饰和方格等。

领带一般有四手结、半温莎结、温莎结、标准结等多种打法，形状稍有区别。其中，半温莎结、温莎结、标准结适合在任何场合使用，而四手结则一般适合在社交场合使用。从事法律、金融、保险等工作的人士应选择适当的领带打法，给人以严谨、缜密、有条理及可信任的感觉，也有助于拉长男士脸部线条和脖颈线条。打领带要注重细节处理，表现出男士的修养和经典风格。

6. 皮带、皮包、手表及饰物的选择与搭配

穿着西裤时一定要配西式皮带，颜色以黑色为宜，与皮鞋及手包的质地和颜色一致。皮带扣以简洁、金属色的为首选。皮包要求简单、大方，不要有过多的装饰，运动包、纸袋、提包等都不能与西服相配。如果西服与饰物的搭配不协调，就会破坏西服的整体美。在经济允许的条件下，可选择佩戴造型简单、没有过多装饰的名牌手表，而首饰则要减到最少，婚戒是男士唯一可佩戴的首饰，其他一律在穿着西服时不要出现，而且戒指以银白金属色和钻饰为佳。

男士的职业着装与礼仪服装虽样式不多，但值得注意的地方很多。万变不离其宗，只要我们掌握了穿着的规范，就不会遭遇贻笑大方的尴尬，从而塑造出稳重大方、整体协调、简洁干练的职场成功男士的形象。

（三）女士西服套装穿着礼仪

迄今为止，没有任何一种女装在塑造职场女性形象方面，能像西服套装那样具有特殊的作用。职场女性宜穿着能凸显女性文化涵养和职业风范的服饰，这样既保证了服装礼仪的正规性，又不失女性的柔美典雅。因此，职场女性在自己的职业生涯中应为自己准备几套适合不同季节、不同场合的西服套装。

女士西服套装分为裙装和裤装，裤装的隆重程度一般不如裙装。因此在一般正式场合和较为重要的社交场合，职业女性应该穿着裙装（见图 2-7）。

图 2-7　女士西服套装穿着礼仪

1. 套裙的穿着要求

套裙，是西装套裙的简称。其上身为一件女式西装，下身是一条半截式的裙子。在今天的商界，套裙与商界的职业女性几乎直接画了等号。

平时，商界女士所穿着的套裙，大致可分为两种基本类型：一种是用女式西装上衣同一条长及膝盖的裙子所进行的自由搭配与组合，称为“随意型”；另一种是与女式西装上衣成套设计、制作而成的“成套型”或“标准型”套裙。

职业女性在选择套裙时需要兼顾以下七个基本问题：

（1）面料应选择纯天然、质地上乘的纯棉、毛麻等。

（2）色彩以冷色调为主，如中灰色、藏青色等，给人以沉稳、干练的感觉。

（3）图案应朴素而简洁，一般以隐格、窄条纹为宜。

（4）点缀应少而精，不宜添加过多的装饰。

（5）尺寸的长短与宽窄，在选择套裙时应特别注意。职业套装的裙子长度以在膝盖上下变化为宜，个子高和中年女性的裙子可加长一些，而个子矮和年轻女性的裙长可稍短一些，但上下长度偏差不要超过 15 厘米，而衣长最短的限度为在手臂高举时不能露出裙腰，否则就有失庄重。套装上衣和裙子的大小以合体为宜。

（6）版型，整体造型有 H 型、X 型、A 型、Y 型几种，其中以 H 型最为正式。

（7）套裙的款式变化，主要体现在领型、纽扣和裙型上，虽然并无严格的规定，也没有男士西装那么多的规矩，但有一些细节还是必须注意和严格遵守的。

穿着套裙应注意：大小适度、穿着到位、场合适应、装饰协调、举止兼顾；内衣必须穿且不宜外穿，不准外露、外透；鞋袜大小应相宜且完好无损，鞋袜不可当众脱下，袜子不可随意乱穿，袜口不可暴露于外；面料较薄、颜色较浅的套装，上衣和裙子都要加同色衬里，否则会有内衣外透、外露之嫌，有失稳重。

2. 套裙与鞋、袜的搭配

皮鞋和丝袜是套装的最佳搭配，套裙的穿着有相应的穿着规矩。重要场合穿套装、套裙时要穿制式皮鞋。女士的制式皮鞋是黑色的高跟、半高跟的船形皮鞋，跟制服配套。一般皮鞋颜色为黑色或咖啡色，亮而无污。在正式场合，鞋跟高度不超过 5 厘米，鞋跟不能太细，细高跟的皮鞋只适合在社交场合穿着。在正式场合不能穿凉鞋或时髦的露趾鞋。在正式场合穿裙装，应内穿肉色长筒袜或连裤袜，穿短袜是不适宜的。有洞或补过的袜子不能外穿，可备一两双袜子在包里。在正式场合着裙装不穿袜子是不礼貌的，同时还要注意，不能在公众场合整理袜子。鞋袜的搭配应遵循“鞋跟越高袜越薄”的原则。因此，在商务场合，套裙不宜与厚袜子和有图案花型的袜子搭配。

职场女性的着装要遵循职业化、女性化、以职位标准选择服装的基本原则，讲究整洁平整、服装与饰品配套齐全，充分发挥穿衣这一“形象工程”，塑造简约、素雅、端庄的职业女性形象，为有利于自身的发展而努力。

（四）饰物选择与佩戴礼仪

1. 饰物的作用和种类

饰物是服装以外的与服装搭配、起装饰作用的物品。饰物的特点是体积小，但效果明显，有着点缀、美化整体形象的功能，在整套服装穿着时起增色、点缀、衬托以及画龙点睛的作用，使整体效果更加完美。所以，饰物的选择和搭配不仅体现了人们的审美水平、欣赏能力，也反映了人们的文化素养，同时也是个性的体现。

我们所用的装饰大致可分为以美化作用为主的耳环、手镯（手链）、戒指、项链、胸花等和具有实用性质的鞋袜、帽子、围巾、手套、腰带、皮包、眼镜等。

随着社会的发展，饰物的品种也在发生变化，曾经，手表、钢笔、打火机被称为“职场男士三件宝”，这些饰物具有明显的实用性质。如今，在某种意义上，很多人的手机、手表，既有实用性质，也有装饰作用。在利用手机、手表实用功能的同时，一定品牌、款式的手机、手表也是身份地位的象征和审美品位的体现。

2. 饰物选择与佩戴的原则

饰物具有体积小、效果明显的特点以及点缀和美化整体形象的功能，故选择与佩戴的主要原则是有利于表现整体形象。切忌为了炫耀而将昂贵的饰物集于一身，只见物而不见人，本末倒置，掩盖了独具特色的自然美，破坏了整体形象的和谐感。注重协调性也是佩戴饰物很重要的一点，无论选择和佩戴哪一类饰物，均须与服装主体风格相一致，搭配得当，起到锦上添花的作用。否则，非但不能美化整体效果，反而还有画蛇添足之嫌。

3. 职场人士佩戴饰物的基本礼仪

（1）以少为佳。在工作、生活中，身上佩戴的饰物越少越好。一般场合，身上的饰物在三种之内是最好的，而每一种不多于两件。耳环可以戴一对，手镯也可以戴一对，但是每种最多戴两件，多于三种有弄巧成拙之感。如果饰物戴得太多，就失去了点缀增色的原意，也就谈不上美感了。

（2）同质同色。也就是说，色彩和质地要协调。例如，穿黑色旗袍参加酒会，想戴一枚黄金质地的胸针，那么戒指或者项链也要首选黄金质地的，配起来更协调，更有品位；如果戴白金戒指，项链也要首选白金的，没有白金的就戴白银的，也比戴黄金的协调得多。

（3）符合习俗。“入境而问禁，入国而问俗。”首饰的佩戴一般是有寓意和习俗的，因此我们要在了解这些常识的基础上正确佩戴。现在，戴珠宝首饰的人比较多，可能与珠宝所蕴含的文化寓意有关。

（4）注意搭配。饰物要与服装协调，要与其他首饰协调。例如，戴一枚高档的钻戒，配名牌服装最好，至少它们会相得益彰。又如，戴薄纱手套，穿无袖连衣裙，如果戴戒指，戒指应戴在薄纱手套里面还是外面？如果穿短裙配连裤袜，戴脚链，那脚链又应戴在袜子里面还是外面呢？其实这二者都是搭配问题。标准的做法是戴薄纱手套时戒指戴在手套的里面。戒指者，戒其行止，有约束之嫌。一般人戴戒指没必要戴在手套外面（新娘除外，意为出嫁），戴在手套外面有招摇之嫌。而穿丝袜的时候标准做法则是脚链戴在外面。根据服装的礼仪规范要求，穿制服、套装、套裙时，女士是不戴脚链的，体现的是爱岗敬业的精神和训练有素的服务，而不是为了展示漂亮的造型。

4. 实用类饰物的正确使用

鞋子、袜子、帽子、围巾、腰带、包、手套、眼镜等物品，本来是因为其实用性而使用的，但随着人们对衣着的审美品位的提高，这些物品的装饰作用越来越受到重视。

鞋子、袜子在与服装的搭配上具有非常重要的作用，尤其是与西服、套裙的搭配，其对颜色、质地、厚薄等都有要求，是形成整体美的一个要素。

帽子、围巾对服装的整体美影响很大，其风格只有与服装一致才能使整体更和谐，还要在颜色上起点缀作用，求得色彩上的平衡。帽子的形状，尤其是帽子与脸型的关系很密切，应遵循“方套圆”或“圆套方”等原则，以弱化原脸型的不足。

腰带的选择与衣服、身材要相协调。要想使身材显得修长些，就应采用同色腰带，但个高腰窄的人应选与服装不同颜色、不同质地的宽腰带。在社交场合，男士的腰带起到画龙点睛的作用，显示着身份和品位，是职场男士的重要饰物。职场人士应充分把握，使自己的形象更得体大方，显示专业气质。

手提（背）包是实用性很强的饰品，在充分考虑其实用性的同时，在选择时还应重视其装饰作用和协调性。选择包的大小与身材有关，如近年来流行大包，身材高大的人可选择大型包袋，但个子矮小的人则不宜选用，否则不但会与整体形象不协调，还会让人觉得其每天驮着一个大包在旅行。包的造型应与体形条件相协调，包的质地则与社交的目的、工作的性质关系密切，而其颜色则应与季节和时令相吻合。如穿着正式套裙时，包袋不宜太休闲（质地应是皮质的，形状应是方形或长方形等有棱角的规则几何图形），色彩也不宜过于艳丽，应选择较为中性和沉稳的颜色，并与包括鞋、袜在内的服饰搭配协调，给人专业性强、外表形象得体的感觉。

戴手套也应注意与服装的颜色、类型以及年龄、气质相协调。同时，在与人握手、谈话，吃东西，饮茶，吸烟时应脱下手套。不能把戒指、手镯、手表等戴在手套的外面，而穿短袖或无袖上衣参加舞会或宴会时一定不能戴短手套，但女士可戴纱手套。

眼镜不仅实用，而且装饰功能很强，既能矫正视力，又能体现佩戴者的风度、气质和身份，因此在选择时应两者兼顾。在选择时除使佩戴者感到舒适和有用以外，还应考虑与脸型、肤色、气质、年龄及职业的协调，遵循使脸部曲线柔和、对比不宜强烈的原则。如眼镜的镜架与脸型的关系，也遵循“方套圆”或“圆套方”的原则；与肤色的关系，肤色深的人就不宜佩戴颜色过浅的镜架，颜色过渡要自然，以起到与整体形象协调、掩盖缺陷的效果。而墨镜，其实用功能是过滤紫外线，保护眼睛，同时也有装饰作用，起到修饰五官和提高整体形象效果的作用。但根据礼仪规范，除特殊情况（有眼疾等原因，事先说明）外，在室内应摘下墨镜，否则是相当失礼的。

佩戴首饰的搭配协调问题与化妆协调的问题一样，体现了一个人的教养与品位。一个人的服饰如果应用到位，将为其平添光彩。当然，如果一个人穿着打扮得不到位，则会弄巧成拙、贻笑大方。作为商务人士，只有了解服饰礼仪的知识并运用于实际的工作、生活，才能使服饰恰到好处地美化自身、美化生活、美化社会，这也是提高全社会文明程度的重要表现。

知识巩固

一、选择题

1.［单选］在正式交往场合，我们的仪表仪容要给人（　　）的感觉。

A. 随意、整齐、干净　　B. 漂亮、美观、时髦

C. 端庄、大方、美观　　D. 个性、漂亮、大方

2.［单选］（　　）是能够遮掩皮肤瑕疵和调整面部凹凸结构的修饰类化妆品。

A. 蜜粉　　B. 胭脂

C. 粉底　　D. 眼影粉

3.［单选］男士西装的最高水准的要求是（　　）。

A. 二色原则　　B. 三色原则

C. 四色原则　　D. 五色原则

4.［单选］从事服务行业的女性工作时也不能留披肩发，其头发最长不应长于（　　）。

A. 耳部　　B. 颈部

C. 腰部　　D. 肩部

5.［单选］标准脸型是哪种脸型？（　　）

A. 瓜子脸　　B. 椭圆形脸

C. 圆形脸　　D. 心形脸

二、判断题

1. 画眉的标准是眉头到眉峰的长度大约为眉长的 2/3，眉峰到眉梢的长度约为眉长的 1/3，眉头和眉梢的落点基本在一条水平线上。（　　）

2. 眼部卸妆包括卸掉睫毛膏、眼线液和眼影。（　　）

3. 有地位和有身份的男士在重要场合，腰间既可多挂，也可少挂东西。（　　）

4. 标准唇形的上下唇比例为 1∶2。（　　）

5. 正式场合着装，整体不应超过 3 种颜色。（　　）

三、问答题

1. 职业女性日常皮肤护理的正确方法是什么？

2. 什么是化妆的“三要素”？

3. 男士在发型、面部修饰方面的仪容仪表标准是什么？

4. 根据国际礼仪惯例，男士正式场合穿着西服时，颜色的选择和西服上衣的纽扣系法有何相关规定？

5. 在学习服饰礼仪之前，你自身的服饰穿戴是否违反过礼仪要求？请从自身实际出发谈谈应如何协调搭配服饰。

四、案例分析题

1. 某公司经理在回答她为什么要录用一名没有任何推荐人的小伙子时是这样说的：“他带了许多介绍信。他神态清爽，服饰整洁，在门口蹭掉了脚下带来的土，进门后随手轻轻关上了门。当他看到残疾人时主动让座。进了办公室，其他人都从我故意放在地板上的那本书上迈过去，而他却很自然地俯身捡起来并放在桌上。他回答问题简洁明了、干脆果断，难道这些不是最好的介绍信吗？”

问题：

（1）这位经理话中的“介绍信”指的是什么？

（2）这些“介绍信”介绍了小伙子的哪些优点？

（3）小伙子在应聘中遵守了哪些礼仪规范？

2. 某证券公司的客户经理方小姐年轻漂亮，爱美，工作也很勤奋。为了与客户更好地沟通，她经常主动拜访客户。8 月的一个下午，她穿着小礼服式无袖连衣裙，化了时下流行的小烟熏妆，做了色彩鲜亮的美甲，前去某中外合资企业拜访她的客户——公司营销部的王经理。当她来到王经理办公室时，只见王经理身着一尘不染的白色长袖衬衣，打着藏蓝色暗条纹的领带，稳重儒雅，风度翩翩。当她与王经理握手时却不经意间看到自己露出的因外出匆忙而未曾剃掉的腋毛，再抬头发现对方看自己时微皱的眉头，刚才满满的信心瞬间崩塌，剩下的只是尴尬和难堪，只想赶快离开。

问题：

（1）方小姐为何感到难堪？

（2）职场女性在形象上应该注意哪些问题？

礼仪实训

实训一

[实训背景]

王芳是某公司的营销经理，她的口头表达能力很不错，对公司的产品和服务也很了解，人既朴实又勤快。在众多的营销经理中，公司老总尤其对她寄予很大的期望。可是，到年终盘点时，作为营销经理的王芳，其业绩却令老总很失望。问题出在哪里呢？原来，王芳是个不讲究穿着打扮的人：额头的头发长得遮住了眼睛，脸色泛黄，皮肤显得有些干燥，整体给人一种缺乏活力和自信的感觉。因此，王芳亟须改变这种状况。

[实训要求]

1. 练习脸部修饰的第一课：自测肤质。

2. 要求在职业形象设计室的化妆镜前进行现场操作。

3. 要求懂得选择合适的护肤品，并正确保养自己的皮肤。

[实训提示]

1. 将一张面巾纸覆盖整个脸部，轻轻拍打后取下观察。

2. 检测标准：如果整张纸斑迹较多，则为油性皮肤；如果几乎没有变化，则为干性皮肤；如果只有三角区有斑迹，则为混合性皮肤。

3. 根据自己的肤质进行护肤、化妆用品的选购。

实训二

[实训背景]

方俊杰是某公司的客户经理，需要经常拜访和接待客户，西服的规范穿着对他来说很重要，直接影响着他与客户交往的效果。

[实训要求]

1. 为方俊杰选择得体的西服、衬衫，佩戴合适的领带及领带夹，并作评议。

2. 请评析下列有关西服穿着的行为是否得体，若不得体，则予以纠正。

（1）衬衫放在西裤外。

（2）花型卡通领带。

（3）西服的上衣袋内鼓鼓囊囊。

（4）三粒扣的西服，只扣最上面一粒。

（5）上着灰色西服套装，脚上配白色皮鞋、肉色丝袜。

3. 要求在形体训练室的壁镜前进行现场分析，进一步巩固并掌握西服的穿着规范。

[实训提示]

在穿着西服时，应注意以下几个方面：

1. 西服上下的颜色及款式的搭配。

2. 衬衣袖口与西服袖口的比例。

3. 不同款式的西服如何系扣。

项目三

商务活动中的举止礼仪

学习目标

知识目标

- 了解仪态礼仪的基本要求和规范。
- 明确仪态礼仪的重要性，增强正确运用仪态礼仪的自觉性。

能力目标

- 掌握商务场合正确的站、坐、走、蹲及手势、表情等几种基本仪态的要领。
- 学会优雅得体地展现和运用仪态礼仪。

素养目标

- 通过仪态展现个人健康状况与心理状态。
- 学会仪态的得体表达，提升个人气质，体现对人的尊重，传达职业态度。

引导案例：钟院士的走姿

2020年8月11日，钟南山院士获“共和国勋章”。授勋仪式上，钟院士身姿挺拔，步履矫健，完全不像一位84岁高龄的老人。之后钟南山院士与广州医科大学学生见面时提到这件事，他半开玩笑地说，他走红毯领奖的时候“故意”走快一点，显示自己还没老。钟南山院士作为我国呼吸疾病研究领域的领军人物，一直身体力行地走在抗击疫情的前线。

◎ 分析：

体态是无声的语言，一个人的体态展示了其健康状况和心理状态。就像钟南山院士的矫健走姿，正来自他长期的锻炼与内心的信念。不仅如此，在与人日常交往说话的同时，你的面部表情、身体姿态、手势和动作也在传递着信息。对方在接收信息时，不仅“听其言”，也在“观其行”。因此依照规范化要求，商务人员在与客户交往过程中都应注意自己的仪态，要高度重视体态语的正确运用，即自身更为有效地运用体态语和更为准确地理解他人的体态语。

任务一　仪态礼仪的内涵

任务目标

了解仪态的基本内涵和商务人员仪态礼仪的要求。

一个人的体态展示了其文化修养、健康状况和心理状态。一个国家人民的体态、审美则可以映射出一个国家的文化内涵。过去，中国人的体态大多为含蓄内敛的“向内”趋势，体现了儒家文化下的温和恭敬。《弟子规》中对人的体态举止也曾有细致的描写：“步从容，立端正，揖深圆，拜恭敬；勿践阈，勿跛倚，勿箕踞，勿摇髀；缓揭帘，勿有声，宽转弯，勿触棱。”这些要求对于我们现代人来说，尤其是在商务活动中，仍具有积极的意义，对人们讲究仪态端庄、行为优雅依然适用。同时，现在更多国人欣赏一种舒展外放、挺拔自信的状态。正如党的二十大报告所指出的“植根本国、本民族历史文化沃土”，从而体现出历史自信与文化自信。

仪态是指人在行为中的姿势和风度。姿势是指身体所呈现的样子，风度则属于内在气质的外化。每个人总是以一定的仪态出现在别人面前，一个人的仪态包括其所有的行为举止：一举一动、一颦一笑、站立的姿势、走路的步态、说话的声调、对人的态度、面部的表情等。而这些外部的表现又是其内在品质、学识、能力等的真实流露。

仪态在社交活动中有着特殊的作用。潇洒的风度、优雅的举止，常常令人赞叹不已，给人留下深刻的印象，受到人们的尊重。在与人交往中，我们可以通过一个人的仪态来判断其品格、学识、能力，以及其他方面的修养程度。仪态的美是一种综合的美、完善的美，也是仪态礼仪所要求的。这种美应是身体各器官相互协调的整体表现，同时也包括一个人内在素质与仪表特点的和谐。对女性来说，容貌秀美和身材婀娜是仪态美的基础条件，但有了这些条件并不等于就是仪态美。与容貌和身材的美相比，仪态美是一种深层次的美。容貌的美只属于那些幸运的人，而仪态美的人往往是一些出色的人，因而仪态美更富有永久的魅力。

商务人士需做到更为有效地运用自身的体态语，要注意以下三个问题：

（1）应当增强自己正确运用体态语的自觉性。商务人士在商务交往中应该善于观察各种形式的体态语及其综合状况，并在此基础上对自己的各种体态语进行认真的自我体验。此外，还应当在实践中自然地运用各种体态语，并检验其实效性。

（2）应当提高本人体态语与角色以及所处情境的对应性。只有这样，才能使自己的体态语为他人所理解，从而也使自己为他人所接纳。

（3）应当使本人体态语的运用有益于表明自尊与敬人之意。为此就必须认真克服自己在仪态方面的不良之习，努力做到文明、礼貌、优雅、大方。

更为准确地理解他人的体态语，同样要求商务人士认真注意以下三个问题：

（1）要充分认识到，他人的体态语往往与其个性、当时特定的情境有一定的关系。所以，理解他人的体态语，时常需要因人而异。孤立地仅从某一体态语去判断他人的本意，有时难免产生误会。

（2）要充分认识到，在一般情况下，一个人所使用的体态语，大都整体协调、相互呼应，而不太可能孤立地出现，因此确认他人每一个具体的体态语的本意，通常应从整体上考察其体态语着手。

（3）要充分认识到，只有在真正体验到他人内心情感的前提下，才有可能准确地理解其体态语。只有做到了这一点，才可谓善解人意。

一个人仪态的日常表现有多种，但常见于公共场合的不外乎站、坐、走、表情和手势等。不同的仪态传递着不同的信息，良好的仪态易使人与人之间的信息传递产生积极的作用。无论何种仪态，在人际交往和商务往来中，其表现都应尽可能给人以亲切、优雅之感，这是社会审美和商务工作的需要，也是仪态礼仪最基本的要求。

仪态语言是一种极其丰富、极其复杂的语言。据研究者估计，世界上至少有 70 万种可以用来表达思想意义的态势动作，这个数字远远超过当今世界上最完整的一部词典所收集的词汇数量。信息的传递与反馈，从表面上看，主要是嘴、耳、眼的运用。事实上，表情、姿态等所起的作用，远远超过自然语言交流本身。仪态是一种很广泛、很实用的语言，比有声语言更富有魅力，往往具有“此处无声胜有声”的效果。

接下来将阐述商务人士仪态礼仪的规范和仪态美的要求，主要从表情（包括目光和微笑），基本的站、坐、走、蹲等姿态以及肢体语言等个人仪态的不同方面加以论述。

任务二　商务场合表情的正确运用

任务目标

掌握目光与眼神的运用，正确使用微笑。

礼仪的情感表达指的是人们在讲究礼节时，内心情感在面部的表现，即表情。表情是人际交往中相互沟通的形式之一。

美国心理学家阿尔伯特·梅拉比安（Albert Mehrabian）把人的感情表达效果总结成一个公式：感情的表达 = 语言（7%）+ 声音（38%）+ 感情（55%）。这个公式是否科学合理且不去深究，但它说明了表情在人与人沟通时能够恰如其分地表现出人的内在感情。现代社会，做任何事情都要讲究礼节，服务行业尤其重要。有时，未能与潜在客户成交的原因并不在服务人员的服务态度上，而是服务人员没有注重礼节造成的。

曾有心理学家指出："假如顾客的眼睛朝下看，脸转向一边，表示你被拒绝了；假如他的嘴唇放松，笑容自然，下颌向前，则表示可能会考虑你的提议；假如他对你的眼睛注视几秒钟，嘴角乃至鼻翼部位都显出微笑，笑得很轻松，而且很热情，那么这项买卖就做成了。"由此可见，面部表情在传情达意方面有着重要的作用。面部表情作为丰富且复杂的体态语的一个重要方面，包括脸色的变化、肌肉的收展以及眉、鼻、嘴等的动作。其基本要领是放松精神，把自己的目光放虚些，不要聚集在对方的某个部位，而是好像笼罩着对面的整个人；微笑不露牙齿，嘴角略扬起，发自内心，自然坦诚，切不可假笑。

一、目光语言的内涵

人与人之间进行交流时，目光的交流总是处于最重要的地位，它是人体传递信息最有效的方式，而且能表达最细微、最精妙的差异，显示出人类最明显、最准确的交际信号。信息的交流要以目光的交流为起点。交流过程中，双方要不断地通过目光表达自己的意愿、情感，还要适当观察对方的目光，探测虚实。交流结束时，也要用目光做一个圆满的结尾。在各种礼仪形式中，目光有重要的地位，目光运用得当与否，直接影响礼仪的效果和质量。

眼睛被人们称为心灵的窗户，这是因为心灵深处的奥秘都会不自觉地从眼神中流露出来。很多时候，有声语言无法表达出来的内心世界，却能从人的眼睛中表露出来。眼睛是表现人的内心情感的最直接、最真切、最丰富的器官。有心理学家得出这样的结论：人的视线活动囊括了 70% 的态势语言表达领域。

据研究，在人的视觉、听觉、味觉、嗅觉和触觉感受中，唯独视觉感受最为敏感，人由视觉感受发出的信息约占总信息的 80%。印度诗人泰戈尔说："一旦学会了眼睛的语言，表情的变化将是无穷无尽的。"这说明，眼睛语言的表现力是极强的，是其他举止无法比拟的。一双炯炯有神的眼睛，给人以感情充沛、生机勃发的感觉；而目光呆滞麻木，则使人产生疲惫厌倦的印象。

在社交过程中，目光是受感情制约的，人的眼睛的表现力极为丰富、极为微妙，很难总结出一定的模式。目光是最富有表现力的体态语，与提升和降低人的兴奋度有密切的关系，具有控制、组织、启发、鼓励作用，反映了人的深层心理。

正确运用目光，能恰当地表现出内心的情感。因此，要把握好自己的内心情感，不同场合与不同情况下，应运用不同的目光，这样目光才能很好地发挥作用。

二、学会正确运用目光语言

见面时，无论是见到熟悉的人，还是初次见面的人，无论是偶然见面，还是约定见面，首先都要睁大眼睛，以闪烁光芒的目光正视对方片刻，面带微笑，显示出喜悦和热情。对初次见面的人，还应头部微微一点，表示出尊敬和礼貌。

在集体场合，开始发言讲话时，要用目光扫视全场，表示"我要开始讲了，请予注意"。

在与人交谈时，应当不断地通过各种目光与对方交流，调整交谈的气氛。交谈中，应始终保持目光的接触。长时间回避对方目光且左顾右盼，是不感兴趣的表示。但应当注意，交流中的注视，绝不是把瞳孔的焦距收缩，紧紧盯着对方的眼睛，这种逼视的目光是失礼的，也会使对方感到尴尬。交谈时，正确的目光应当是自始至终都在注视，但注视并非紧盯。瞳孔的焦距要呈散射状态，用目光笼罩对方的面部，同时应当辅以真挚、热诚的面部表情。交谈中，随着话题、内容的变换，应做出及时、恰当的反应。或喜或惊，或微笑或沉思，用目光流露出会意的万千情意，使整个交谈过程融洽、和谐、生动、有趣。交谈和会见结束时，目光要抬起，表示谈话的结束。道别时，仍要用目光注视对方的眼睛，面部表现出惜别的深情。

在谈判中，也很讲究目光的运用。一方让眼镜滑落到鼻尖上，眼睛从眼镜上面的缝隙中窥探，就是对对方鄙视和不敬的情感表露。双目生辉，炯炯有神，是心情愉快、充满信心的表现，在谈判中持这种眼神有助于取得对方的信任。相反，双眉紧锁，目光无神或不敢正视对方，都会被对方认为无能，可能导致对己方不利的结果。

三、学会"阅读"目光语言

在掌握并正确运用自己目光语言的同时，还应当学会"阅读"对方的目光语言。从对方的目光变化中，分析其内心活动和意向。随着交谈内容的变化，目光和表情和谐统一，表示很感兴趣，思想专注，谈兴正浓。例如，在与朋友会面或被介绍认识时，可凝视对方稍久一些，这既表示自信，也表示对对方的尊重。而双方交谈时，就应注视对方的眼鼻之间，表示重视对方及对其发言感兴趣。而当对方缄默不语时，就不要再看着对方，以免加剧因无话题本来就显得冷漠、不安的尴尬局面。当别人说错了话或显得拘谨时，就应马上转移视线，以免对方把自己的目光误认为是对其的嘲笑和讽刺。当然，如果希望在争辩中获胜，那就千万不要移开目光，直到对方眼神转移为止。对方的目光长时间地中止接触，或游移不定，表示对交谈不感兴趣，交谈应当很快结束。交谈中，目光乜斜，表示鄙夷；目光紧盯，表示疑虑；偷眼相觑，表示窘迫；瞪大眼睛，表示吃惊；等等。送客时，要等客人走出一段路，不再回头张望时，才能转移目送客人的视线，以示尊重。

同样在谈判中，及时"读懂"对方的目光语言也非常重要。假如对方在不停地转眼珠，就要提防其在打什么主意，自己应适时应对。

目光还可反映人们更深一层的情感，传递其他丰富的信息。例如：某人一被人注视就将视线移开，大多有相形见绌之感，有很强的自卑感；而无法将视线集中在对方身上或很快收回视线的人，则多半属于内向型性格。仰视对方，一般表示怀有尊敬、信任之意；俯视对方，往往表示有意保持自己的尊严。频繁而急速地转眼，是一种反常的举动，常被用作掩饰的一种手段，或内疚，或恐惧，或撒谎，需引起注意，应根据情况做出判断。视线活动多且有规则，表明其在用心思考。听别人讲话，一面点头，一面却不将视线集中在谈话人身上，表明其对此话题不感兴趣。说话时，对方将视线集中在你身上，表明他渴望得到你的理解和支持；游离不定的目光传递出来的信息是心神不宁或心不在焉。

目光是千变万化的，但都是内心情感的流露。学会阅读和分析目光语言，对于社交活动的进行和发展有着重要意义。目光不仅在态势语言中处于首要地位，在营销活动中也具有非常重要的作用。这是因为在交往中，人们相互接触，大多数时间是处于对视状态的，这就给彼此提供了用眼神了解对方的机会。你可以通过目光了解客户的思想感情和真实意图，还可以用自身的目光传递所要表达的信息。

目光表达出异常丰富的信息，但微妙的眼神有时只可意会而不可言传。我们只有在社会实践中用心体察、积累经验、努力把握，才能在社交和商务活动中灵活运用。

四、表情礼仪对目光注视的要求——眼神的礼仪规范

表情规范是指人们的表情在表达过程中所遵守的彼此能够接纳的规定。面部是人体表情最丰富的部分，它表达人们内心的思想感情，表现人的喜、怒、哀、乐，对人们所说的话起解释、澄清、纠正或强调的作用。心理学家认为：最能准确表达人的感情和内心活动的是眼神。通过眼神完全可以判断他人的第一印象，眼神反映了他的性格和内心动向。

在交际场所，眼神是一种深情的、含蓄的无声语言，往往可以表达有声语言难以表达的意义和情感。人的眼睛时刻在"说话"，时刻道出内心的秘密。例如，交谈时注视对方，意味着对其重视；走路时双目直视、旁若无人，表示高傲；频频左顾右盼，表示心中有事；对来访者只招呼而不看对方，表明工作忙而不愿接待；等等。交际时，目光接触是常见的沟通方式，但眼神却会表示不同的含义。例如：相互正视片刻表示坦诚；瞪眼相视表示敌意；斜着扫一眼表示鄙视；正视、逼视表示命令；不住地上下打量表示挑衅；白眼表示反感；眼睛眨个不停表示疑问；双目睁大表示吃惊；眯着眼看既可表示高兴，也可表示轻视；左顾右盼、低眉偷觑表示困窘；行注目礼表示尊敬；等等。

眼神是面部表情的核心，是心灵的窗口，能够最明显、最自然、最准确地显示一个人的心理活动。在交际中，要注意注视对方的时间、角度、部位并讲究眼神的礼仪规范。

（一）注视的时间

注视对方时间的长短是十分有讲究的。与他人交谈时，不可长时间地凝视对方。一般情况下，眼睛保持 50% 的时间注视对方，另外 50% 的时间注视对方脸部以外的 5 ～ 10 厘米处。自始至终地注视对方是不礼貌的。在社交场合，无意与别人的目光相遇时不要马上移开，应自然对视 1 ～ 2 秒，然后慢慢离开对方；与异性目光对视时，不可超过 2 秒，否则可能引起对方无端的猜测。必须根据所观看的对象和场合把握好注视的时间。具体可分为以下几种情况：

（1）表示友好。应不时地向着对方，注视对方。注视对方的时间约占全部相处时间的 1/3。

（2）表示重视。向对方表示关注，应常常把目光投向对方，注视对方的时间约占相处时间的 2/3。

（3）表示轻视。目光异常游离于对方，注视对方的时间不到全部相处时间的 1/3。

（4）表示敌意。目光始终盯在对方身上，注视对方的时间占全部相处时间的 2/3 以上，这被视为有敌意，或有寻衅滋事的嫌疑。

（5）表示感兴趣。目光始终盯在对方身上，偶尔离开一下，注视对方的时间占全部相处时间的 2/3 以上，同样也可以表示对对方较感兴趣。

（二）注视的角度

注视别人时，目光的角度，即目光从眼睛里发出的方向，表示与交往对象的亲疏远近。

（1）平视。也称正视，即视线呈水平状态。常用在普通场合与身份、地位平等的人进行交往时。

（2）侧视。是平视的一种特殊情况，即位于交往对象的一侧，面向并平视对方。侧视的关键在于面向对方，若为斜视对方，则为失礼之举。

（3）仰视。即主动居于低处，抬眼向上注视他人，以表示尊重、敬畏对方。

（4）俯视。即向下注视他人，既可表示对晚辈宽容、怜爱，也可表示对他人轻蔑、歧视。

（三）注视的部位

用目光注视对方，应自然、稳重、柔和，不能死盯住对方的某个部位，或不停地在对方身上上下打量，这是极失礼的表现。注视对方什么位置，要因所传达的信息和营造的气氛而异；要依据不同场合、不同对象来选择具体目光所及之处和注视的区间。人们在普通的社交场合采用的注视区间是社交注视区间。这一区间的范围是以两眼为上线，以下颌为顶点所连接成的倒三角区域。由于注视这一区域最容易形成平等感，容易营造良好的社交氛围，因此人们常在一般社交场合运用。注视谈话者的这一区域，能让谈话者感到轻松、自然，从而比较自由地发表他们的观点、见解。具有亲密关系的人在交谈时采用的注视区间为亲密注视区间，主要是看着对方的眼睛至胸部。恋人之间、至爱亲朋之间，注视这些区域能激发感情、表达爱意。

1. 允许注视的常规部位

（1）双眼。注视对方的双眼，表示自己重视对方，但时间不要太久。

（2）额头。注视对方的额头，表示严肃、认真、公事公办。

（3）眼部—唇部。注视这一区域，表示礼貌、尊重对方。

（4）眼部—胸部。注视这一区域，多用于关系密切的男女之间，表示亲近、友善。

（5）眼部—裆部。适用于注视相距较远的熟人，也表示亲近、友善，但不适用于关系一般的异性。

（6）任意部位。对他人身上的某一部位随意一瞥，多用于在公共场合注视陌生人，最好慎用。

2. 不同国家、不同民族、不同文化习俗中眼神运用的差异

不同国家、不同民族、不同文化习俗中人们对眼神的运用也有差异。例如，在美国，一般情况下，男士是不能盯着女士看的；两个男士之间也不能对视时间过长，除非是得到对方的默许。日本人对话时，目光要落在对方的颈部，四目相视是失礼的。阿拉伯人认为，不论与谁说话，都应看着对方。大部分国家的人忌讳直视对方的眼睛，甚至认为这种目光带有挑衅和侮辱的性质。

3. 眼神应敢于合理正视对方

在交谈中敢于礼貌地正视对方，是一种坦荡、自信的表现，也是对他人尊重的体现。谈话时眼睛往上、往下，眯眼、斜视、闭眼，游离不定、目光涣散、漫不经心等，都是交际中忌讳的眼神。当别人难堪时，不要去看他；交谈休息时或停止谈话时，不要正视对